Gewinnen mit Biotech-Aktien

Leo Fischer

Gewinnen mit Biotech-Aktien

Traumrenditen aus dem Labor

Im FALKEN Verlag sind weitere Titel zum Thema Geldanlage mit Aktien erschienen. Sie sind überall dort erhältlich, wo es Bücher gibt.

Sie finden uns im Internet: www.falken.de

Der Text dieses Buches entspricht den Regeln der neuen deutschen Rechtschreibung.

Dieses Buch wurde auf chlorfrei gebleichtem und säurefreiem Papier gedruckt.

Die in den Unternehmensporträts genannten Höchst- und Tiefstkurse beziehen sich immer auf den Zeitraum der vergangenen zwölf Monate.

ISBN 3 635 60683 9

© 2001 by FALKEN Verlag, 65527 Niedernhausen/Ts.
Die Verwertung der Texte und Bilder, auch auszugsweise, ist ohne Zustimmung des Verlags urheberrechtswidrig und strafbar. Dies gilt auch für Vervielfältigungen, Übersetzungen, Mikroverfilmung und für die Verarbeitung mit elektronischen Systemen.

Umschlaggestaltung: Init GmbH, Bielefeld
Redaktion: Christiane Kramer
Herstellung: Horst Bachmann
Satz: Lohse Design, Büttelborn
Druck: Freiburger Graphische Betriebe GmbH, Freiburg

Die Ratschläge in diesem Buch sind von Autor und Verlag sorgfältig erwogen und geprüft, dennoch kann eine Garantie nicht übernommen werden. Eine Haftung des Autors bzw. des Verlags und seiner Beauftragten für Personen-, Sach- und Vermögensschäden ist ausgeschlossen.

817 2635 4453 6271

Inhalt

Vorwort 7

Ein Meilenstein für die Biotechnologie 8
Der wissenschaftliche Erfolg –
für die Börse noch kein Grund zum Feiern 8
Die Bedeutung der Dechiffrierung des menschlichen Genoms 9
  Exkurs: Meilensteine der Biotechnologie 10

Der sechste Kondratieff: Biotechnologie 12
Zukunftssektor Gesundheit 13
Biotechnologie erfasst viele Bereiche 14

Bereiche der Biotechnologie 15
Genomik 15
  Exkurs: Grundlagenwissen DNS 16
Gentherapie 19
  Exkurs: Erfolge und Risiken der Gentherapie 19
Antikörperforschung und -therapie 21
Gentechnik 24

Die Bewertung von Biotech-Titeln 26
Das DCF-Modell 26
Umsatz und Marktkapitalisierung 27
Cash-Burn-Rate 28
Richtig vergleichen 28
Die Produktpipeline – ein langer Weg 29
Erträge erst durch Vermarktung 31
Die Bedeutung des US-Marktes für die gesamte Biotech-Branche 32

Mit Fonds vom Boom profitieren 34

Chancen und Risiken 36

50 chancenreiche Werte aus den Labors 37

Glossar medizinisch-biotechnologischer Fachbegriffe 138

Register 140

Vorwort

Schürfen nach dem Gengold«, »GENiales Wachstum« oder »Gen wir Geld holen« – so lauten die Schlagzeilen, mit denen derzeit die Zukunftschancen der Biotech-Branche beschworen werden. Kein Zweifel: Die junge Branche steht im Mittelpunkt des publizistischen Interesses. Dank der Biotechnologie gehen wir einer heileren Welt entgegen. Experten prognostizieren, dass die Entwicklung von Krebs im Jahr 2013 durch die Identifizierung der meisten tumorrelevanten Gene aufgeklärt sein wird, schon 2014 soll es wirksame Heilungsmethoden für die Alzheimerkrankheit geben.

Doch Schlagworte und hoffnungsvolle Prognosen, daran muss immer erinnert werden, ersetzen nicht harte Fakten. An zuverlässige Informationen zu kommen, ist aber in der Biotech-Branche nicht einfach: Nur wenige Analysten in Deutschland verfolgen die Biotech-Werte und auch in den USA gilt die Biotech-Branche noch als »underresearched«. Während die Blue Chips von 20 und mehr Analysten beobachtet werden, sind es bei den Biotech-Titeln oft kaum mehr als fünf.

Einblicke in die Trends dieser faszinierenden Branche gibt dieses Buch im allgemeinen Teil, dann folgen Profile von 50 attraktiven Biotech-Firmen. Aber bedenken Sie: Die Branche ist in starker Bewegung, aktuelle Kauf- oder Verkaufsentscheidungen müssen Sie selbst treffen. Übers Internet können Sie aktuelle Nachrichten über Erfolge klinischer Erprobungen in Erfahrung bringen.

Ohne die Hilfe, Anregungen und Studien vieler Experten hätte das Buch nicht entstehen können. Erwähnen möchten wir die ausgezeichneten Studien der WestLB Panmure über die europäische Biotechnologie und Branchentrends sowie die Börsenbriefe für die Biotech-Branche medical strategy (www.medicalstrategy.de) und den BMP Aktienbrief (www.bmpbrief.de).

Ein Meilenstein für die Biotechnologie

Kaum ein Ereignis seit der Mondlandung hat die Menschen so bewegt wie die Nachricht von der Entschlüsselung des menschlichen Genoms am 26. Juni 2000. US-Präsident Bill Clinton und der britische Premier Tony Blair wurden aufgeboten, um in einem gemeinsamen Fernsehauftritt diese Nachricht zu veröffentlichen. Das menschliche Erbmaterial war entziffert, der Bauplan des Menschen enthüllt.

Kein Superlativ schien zu weit hergeholt, um die Dimensionen zu beschreiben, die diese Entdeckung bedeutet. Die Entdeckung des Rades, die Erfindung des Buchdrucks und des Computers wurden zitiert. Geschafft hatten diesen wichtigen Schritt für die Menschheit das staatlich finanzierte Human Genome Projekt und die US-Biotech-Firma Celera.

Der wissenschaftliche Erfolg – für die Börse noch kein Grund zum Feiern

Obwohl die Entschlüsselung des menschlichen Genoms als das größte Ereignis seit der Mondlandung gefeiert wurde, reagierte die Börse gelassen. Der Nasdaq-Biotech-Index brachte es zwar auf ein Tagesplus von 3,8 Prozent, doch das ist wenig im Vergleich zu wirklichen Hausse-Tagen an der Nasdaq. Und die Celera-Aktie büßte am Tag, als das große Ereignis verkündet wurde, sogar mehr als 11 Prozent ein.

Was war der Grund? Gewinnmitnahmen nach der Devise »Sell on good News«? Immerhin war die Aktie von Herbst 1999, als die ersten Börsengerüchte über die in Kürze bevorstehende Entschlüsselung des menschlichen Genoms auftauchten, von etwas über 15 Dollar bis auf 255 Dollar in die Höhe geschnellt – der Kurs hatte sich in rund neun Monaten versiebzehnfacht! Im November 2000 notierte der Titel nur noch um 67 Dollar.

Immer noch reichlich viel für ein Unternehmen, das noch keine Gewinne macht. Nach der Entschlüsselung des menschlichen Genoms ergeben sich für ein Unternehmen wie Celera neue Fragen:

Ehe es Medikamente gibt, die aufgrund der Entschlüsselung des Erbgutes entwickelt werden können, werden mindestens fünf, vielleicht aber auch zehn Jahre vergehen.

Weiterhin gilt es zu bedenken: Das menschliche Erbgut gehört keinem einzelnen Unternehmen. Mit dieser Feststellung lösten Clinton und Blair im Frühjahr 2000 einen regelrechten Kursrutsch bei vielen Genomik-Unternehmen aus. Dabei hoben sie nur noch etwas hervor, was längst bekannt war. Die Ergebnisse des Human Genome Projekts waren – wie erwähnt – ohnehin immer öffentlich zugänglich. Viele Privatanleger waren darüber aber nicht so recht informiert und reagierten auf die Erinnerung Clintons und Blairs hektisch. Die Profis aber wussten Bescheid. Michael Sjöstrom, Fondsmanager des erfolgreichen Pictet G.S.F. Biotech-Fonds, hat nie eine Celera-Aktie ins Portefeuille genommen – nicht weil er grundsätzlich etwas gegen Genomik-Unternehmen hat, sondern weil sie ihm einfach zu teuer war.

Die Bedeutung der Dechiffrierung des menschlichen Genoms

Biotechnologische Prozesse kennen und nutzen die Menschen seit langem. Die Vergärung von Fruchtsäften und die Herstellung von Sauerteig waren schon im alten Ägypten bekannt. Auch das Bierbrauen (Hefegärung) und die Herstellung von Sauerkraut sind biotechnische Vorgänge. Rund 60 Prozent aller Nahrungsmittel werden heute durch fermentive Prozesse erzeugt oder konserviert. Doch erst Mitte des 19. Jahrhunderts begann die wissenschaftliche Beschäftigung mit der Biotechnologie.

Exkurs: Meilensteine der Biotechnologie

1869 Der Schweizer Biologe Friedrich Miescher isoliert aus eitrigen Bandagen einen Stoff, den er Nuklein nennt, die heutige Nukleinsäure.

1989 Der Niederländer Hugo de Vires, Wiederentdecker der mendelschen Erblehre (die 34 Jahre vorher erschien), führt die Vererbung auf Faktoren im Zellkern zurück.

1909 Der Däne Wilhelm Johannsen nennt diese Faktoren erstmals Gene.

1953 James Watson und Francis Crick ermitteln die doppelstrangige Struktur der DNS (Doppelhelix), 1962 erhalten sie den Nobelpreis.

1973 Stanley Cohen, Annie Chang und Herbert Boyer kombinieren im Reagenzglas DNS-Fragmente und begründen die rekombinante DNS-Technologie – dies ist die Geburtsstunde der Gentechnik.

1976 Herbert Boyer gründet zusammen mit Robert Swanson Genentech, das erste Gentechnik-Unternehmen.

1978 Erstmals wird menschliches Insulin in dem Bakterium Escheriichia coli (E.coli) durch Genentech hergestellt.

1986 Der erste Gentransfer auf den Menschen gelingt.

1988 Eine gentechnisch veränderte Maus, die gegen Krebs anfällig ist (die so genannte Harvard-Maus), erhält das US-Patent.

1989 Im Rahmen einer Krebstherapie werden erstmals fremde Gene auf Menschen übertragen.

1994 Das erste gentechnisch veränderte Nahrungsmittel (eine Tomate) erhält die Zulassung durch die FDA.

2000 Die Sequenzierung des menschlichen Erbgutes wird abgeschlossen.

Mit der Entschlüsselung der menschlichen Gene steht das Alphabet, die Buchstabenabfolge, fest. Die bloße Kenntnis des Genoms ist aber nur der erste Schritt, nämlich die Wissensbasis, die notwendig ist, um nach neuen Wirkstoffen zu forschen, die, weil sie auf die Erbanlagen jedes einzelnen Menschen eingestellt werden können, gezielter wirken und damit weniger Nebenwirkungen haben als bisher. Es geht in der »postgenomischen Ära«, so formulierte es Professor Dr. Peter Stadler, Geschäftsführer der Biotech-Firma Artemis Pharmaceuticals GmbH (Köln), »um das Auffinden der Funktion krankheitsrelevanter Gene und nicht so sehr um die Analyse ihrer Struktur.« Welche Funktionen die verschiedenen Bereiche der Biotechnologie bei dieser Aufgabe übernehmen, werde ich Ihnen im Kapitel »Bereiche der Biotechnologie« erläutern (siehe Seite 15). Nehmen wir vorher aber noch einmal die »Adlerperspektive« ein und werfen einen kurzen Blick auf die Bedeutung, die die neue Schlüsseltechnologie für die gesamte Wirtschaft bekommen wird.

Der sechste Kondratieff: Biotechnologie

Der Russe Nikolai D. Kondratieff (1892 – 1938) stellte aufgrund 140 Jahre zurückreichender statistischer Untersuchungen die These auf, dass die kapitalistische Wirtschaft nicht nur durch kurzfristige, bis zu drei Jahren andauernde, und mittelfristige, zehn bis elf Jahre zählende, sondern auch von langfristigen Konjunkturwellen geprägt ist, die eine Dauer von 50 bis 60 Jahren haben. Ausgelöst werde der Aufschwung der langen Wellen durch Produktivitätsschübe, die durch Erfindungen und deren breite wirtschaftliche Anwendung initiiert werden.

Drei Wellen identifizierte Kondratieff selbst:

- **1800 bis 1850:** eingeleitet durch die Erfindung der Dampfmaschine,
- **1850 bis 1900:** geprägt von Stahlproduktion und Transport, insbesondere Eisenbahn,
- **1900 bis 1950:** bestimmt von Elektrotechnik und Chemie.

Sein Landsmann Leo A. Nefiodow setzte die Forschungen fort und machte drei weitere Wellen aus:

- Ein langer Zyklus **von 1950 bis 1990** stand im Zeichen von Automobil und Petrochemie.
- **Seit 1990** befinden wir uns in einer Phase, die durch Informationstechnik, Information und Kommunikation gekennzeichnet ist.
- Der darauf folgende Zyklus, der noch nicht begonnen hat, wird geprägt sein von der Biotechnologie. Anwendung werden die Innovationen der Biotechnologie in den Bereichen Umweltschutz und alternative Energieerzeugung sowie im Bereich Gesundheit finden.

Zukunftssektor Gesundheit

Je selbstverständlicher die Befriedigung der existenziellen Bedürfnisse wird, desto wichtiger wird das körperliche Wohlbefinden – denken Sie nur an den Fitness- und Wellness-Boom der letzten Jahre. Gesundheit gilt immer mehr als das höchste Gut, und die Menschen sind bereit, dafür auch immer mehr Geld auszugeben.

Doch derzeit ist nur ein Bruchteil der bekannten Krankheiten therapierbar. 30 000 Krankheiten gibt es und nur ein Drittel davon lässt sich heute behandeln. Aber diese Zahl wird in den nächsten Jahren erheblich steigen: Neue Medikamente, die auf der Bio- und Gentechnologie basieren, kommen auf den Markt, neue revolutionäre Behandlungsmethoden werden entwickelt.

Auch weil die Menschen immer älter werden, steigt der Bedarf an Medikamenten und ärztlicher Versorgung stetig. Die älteren Menschen brauchen etwa dreimal so viel Medikamente wie die jüngeren. Die Selbstmedikation wird ebenfalls weiter zunehmen. Gleichzeitig steigt auch die Nachfrage der Schwellenländer nach Arzneimitteln enorm.

Auch hier hilft die Biotechnologie. Sie ermöglicht es, Wirkstoffe in größerer Menge kostengünstig herzustellen. So waren früher für die Produktion von einem Tausendstel Gramm des Proteins Interferon 2 000 Liter Blut erforderlich. Gerade im Hinblick auf die wachsenden Ausgaben im Gesundheitswesen ist das ein wichtiger Aspekt. Wachstum ist in diesem Sektor nur möglich, wenn andere Pharmazeutika verdrängt werden oder wenn der Einsatz der neu gefundenen Mittel so preisgünstig ist, dass das öffentliche Gesundheitswesen die Belastungen verkraften kann. In den nächsten 20 Jahren soll der Anteil der Gesundheitskosten am Bruttoinlandsprodukt nach ernst zu nehmenden Prognosen in den USA von 15 Prozent auf ein Viertel ansteigen!

Die bessere Behandlung von Krankheiten lindert nicht nur Leiden, sondern trägt auch erheblich zum Produktivitätsfortschritt bei. Die Gesamtkosten unheilbarer Krankheiten wurden für das Jahr 1995 auf über 570 Milliarden Dollar geschätzt. Zum Vergleich: Die Pharma-Industrie setzte in diesem Jahr 62 Milliarden Dollar um.

Biotechnologie erfasst viele Bereiche

Die Biotechnologie bringt einen neuen Produktivitätsschub, der nicht nur das Gesundheitswesen verändert, sondern die gesamte Wirtschaftsstruktur. Investmentfonds, die auf die großen Zyklen setzen, auf die so genannten Megatrends, kommen an der Biotechnologie nicht vorbei. Die Entwicklungen der Biotechnologie verändern nicht nur die Pharmazie, sondern viele Lebensbereiche, zum Beispiel:

- die Ernährungsindustrie (Herstellung von Aminosäuren),
- die Energieversorgung (Erschließung regenerativer Energiequellen),
- den Umweltschutz (Wasser- und Bodenreinigung, Abfallverwertung),
- die Rohstoffversorgung (Entwicklung neuer Materialien: Polymere, nachwachsende Rohstoffe).

Die wichtigste Rolle spielt die Biotechnologie sicher in der Erforschung und Bekämpfung von Krankheiten. Die Biotech-Welt der Diagnostik und Therapeutik wird als *rote Biotechnologie* bezeichnet, die Anwendung im Agro-Bereich als *grüne Biotechnologie* und im Umweltschutz als *graue Biotechnologie*.

Am umstrittensten ist zweifellos der grüne Biotech-Bereich. Das belegte zum Beispiel die Aufregung in den USA im Oktober 2000 um genmanipulierten Mais. Dabei werden von vielen Wissenschaftler gerade dort die größten Perspektiven gesehen. Das Ernährungsproblem einer wachsenden Weltbevölkerung lässt sich nur lösen, wenn die Wachstumsmöglichkeiten aufgrund der grünen Biotechnologie genutzt werden.

Die grüne Biotechnologie hat derzeit den größten Marktanteil. Vom weltweiten Biotechnologie-Markt, der im Jahr 2000 rund 105 Milliarden Dollar ausmacht, entfallen rund 48 Prozent auf Landwirtschaft und Lebensmittel, 23 Prozent auf die graue Biotechnologie (Chemikalien, Umwelt) und 29 Prozent auf Gesundheitsprodukte. Weil die rote Biotechnologie aber derzeit mit plus 20 bis 25 Prozent das größte Wachstum aufweist und die Fantasie der Börse am meisten inspiriert, beschäftigt sich dieses Buch nur mit diesem Marktsegment.

Bereiche der Biotechnologie

Wie gesagt: Die Bedeutung der Entschlüsselung des menschlichen Erbgutes ist nicht zu unterschätzen. Sie hat die Wissensbasis für die Erforschung von Krankheiten und ihre Bekämpfung – und damit auch für die breite wirtschaftliche Anwendung! – geschaffen.

Ohne die Datenbasis, die „Plattform", die Genomik-Firmen wie Celera, Affymetrix, Millennium Pharmaceuticals besitzen, stünden die forschenden Unternehmen vor einer Sisyphus-Arbeit. Und sie benötigen immer noch weitere Informationen zu einzelnen Genen oder Genomabschnitten. Die sicheren Gewinner sind daher zunächst Firmen, die die unverzichtbaren technologischen Plattformen oder das Rohmaterial für die Forschung liefern.

Doch auch so viel ist gewiss: Die sicheren Gewinner werden nicht die größten Gewinner sein. Von eigenen Medikamenten, die das „richtige Geld" bringen, sind die Genomik-Unternehmen weit entfernt. Auch offene Rechtsfragen sind zu bedenken: Ist die Entdeckung eines Gens patentierbar? Doch betrachten wir die vier großen Segmente der Biotech-Branche genauer:

Genomik

Das menschliche Erbgut besteht aus etwa drei Milliarden Basenpaaren, die rund 100 000 Gene repräsentieren, die das Aussehen, den Stoffwechsel und andere Vorgänge im Körper bestimmen. Diese drei Milliarden Basenpaare sind die Grundlage für die Identifikation neuer therapeutischer Zielmoleküle (Targets) für neue Therapieansätze für Erkrankungen. In der Identifikation der Targets und der Untersuchung ihrer Funktion liegt die eigentliche Aufgabe der Genomik.

BEREICHE DER BIOTECHNOLOGIE

EXKURS: GRUNDLAGENWISSEN DNS

Das zentrale Steuerungsinstrument der menschlichen Zellen ist die DNS (Desoxyribonukleinsäure). Sie sieht aus wie eine spiralförmig gedrehte Strickleiter. Die Bausteine der DNS bilden die Nukleotide, die aus je einem Zuckermolekül, der Ribose, und je einer der vier stickstoffhaltigen Basen Adenin (A), Thymin (T), Cytosin (C) und Guanin (G) bestehen. Diese kodieren die Eiweiße. Zusammengehalten wird die Verbindung aus Base und Zucker durch kleine Moleküle, die wie Klebstoff wirken, die Phosphorsäurereste.

Damit ist aber erst der eine der beiden Stränge definiert, die – durch die Sprossen verbunden – die Strickleiter bilden. Dabei stehen sich zwei Basen jeweils gegenüber und gehen durch so genannte Wasserstoffbrücken Verbindungen miteinander ein. Aber Adenin kann sich nur mit Thymin, Guanin nur mit Cytosin verbinden.

1951 gelang es zum ersten Mal, scharfe Röntgen-Kristall-Aufnahmen der DNS zu machen. Daraufhin konnten James Watson und Francis Crick im Jahre 1953 die doppelstrangige Struktur der DNS in der Zeitschrift »Nature« veröffentlichen.

Die DNS bildet die zentrale Steuereinheit für die menschliche Zelle, die den Bauplan für jedes Eiweiß, das die Zelle herstellen kann, enthält. Genau genommen kodiert das DNS die Aminosäuren, aus denen das Eiweiß besteht. Der Code, mit dem die Aminosäuren verschlüsselt werden ist, bei allen Organismen gleich.

Das menschliche Genom enthält rund 100 000 Erbanlagen in sich, die durch lange DNS-Abschnitte voneinander getrennt sind, über deren Bedeutung die Wissenschaft sich allerdings nicht klar ist. Diese noch rätselhaften Abschnitte machen rund 95 Prozent der DNS aus, spielen aber für die Erbinformation keine Rolle.

Dazu müssen Sie wissen:

- Rund 99,9 Prozent der drei Milliarden Basenpaare sind bei allen Menschen gleich. Nur 0,1 Prozent, das sind immerhin drei Millionen, sind unterschiedlich. Diese zu identifizieren und zu untersuchen ist notwendig, um eine Reihe von Krankheiten zu verstehen.
- Nur drei bis fünf Prozent des menschlichen Erbgutes bilden Codes für Gene; 95 bis 97 Prozent werden bisher als »Junk-DNA« bezeichnet.
- Bislang war die Forschung fokussiert auf die drei bis fünf Prozent des Genoms, die Proteine kodieren. Rätselhaft bleiben die 95 bis 97 Pro-

zent, die noch nicht erforscht wurden. Heute glaubt man: Diese könnten wichtig sein für die Regulierung der Gene-Expression.
- Das menschliche Genom hat schätzungsweise 80 000 bis 100 000 Gene – die Kenntnis der genauen Anordnung dieser Gene ist wichtig für das Verständnis der Vorgänge im menschlichen Körper.
- Rund 8 000 Gene sind bereits in öffentlichen Datenbanken hinterlegt, weitere 10 000 in privaten.
- In den letzten Dekaden konnte die Funktion von rund 1 000 Genen (davon 500 therapeutischen Targets) eindeutig festgelegt werden.

Ein Gen kann erst zu einem Target für ein Medikament werden, wenn seine Funktion verstanden und bewiesen ist. Ist ein Gen identifiziert, bleibt also immer noch die große Aufgabe, seine Funktion zu erkennen. Die Dechiffrierung der Funktionen ist daher jetzt die wichtigste und schwerste Aufgabe der Genomik.

Welche Firmen profitieren von diesem Markt am meisten?

Unternehmen wie Lexicon Genetics, Exelixis und Paradigm, die auf dem Forschungsgebiet der »Functional Genomics« tätig sind, setzen Zeit sparende und automatisierte Testverfahren ein und verfügen über genetische Systeme wie Fruchtfliege oder Maus.

Ob Mensch oder Schwein, ob Bakterium oder Fisch – aufgrund der Evolution stimmen die Proteine weitgehend überein. Daher können durch Vergleich des menschlichen Genoms mit einem schon analysierten Genom eines einfachen Organismus wie der Fruchtfliege Rückschlüsse auf die Funktion des menschlichen Gens gezogen werden.

Als Plattform-Lieferanten sind Affymetrix und Gene Logic zu nennen. Die erste Technologie, mit der es gelang, die Sequenz zu analysieren und die Funktion zu bestimmen, waren die DNA-Chips. Die Analyse mit DNA-Chips reicht aus für die Forschung und Arzneimittelentwicklung, aber nicht für den Therapieeinsatz, der exaktere Verfahren voraussetzt. Dies gilt auch für die Analyseverfahren von Orchid Bioscience, von Rapigene (von Qiagen übernommen) und von Sequenom.

Firmen wie Incyte untersuchen häufig vorkommende individuelle Variationen einzelner Bausteine innerhalb der menschlichen DNS. Diese »Single nucleotide polymorphasm«, kurz SNP genannt, gibt es überall im menschlichen Erbgut, also nicht nur im informationstragenden, sie wird vererbt. Mithilfe der SNP lassen sich Genkarten erstellen und Erbanlagen lokalisieren.

Neben den bereits genannten Firmen haben die deutsche MediGene und die französische Genset ihren Schwerpunkt in der Genomik. Die größten Unternehmen sind aber in den USA zu finden: Celera, Human Genome Sciences, Millennium Pharmaceutics.

Beachten Sie: Bei allen genannten Firmen handelt es sich um Plattform-Firmen, die eine andere Chance-Risiko-Struktur aufweisen als Firmen, die aktiv nach therapeutischen Wirkstoffen suchen. Sie erzielen sehr schnell Lizenzeinnahmen von den Firmen, die ihre Technologie nutzen und erreichen schnell die Gewinnzone. Aber bereits nach fünf bis sieben Jahren gehen die Gewinnzuwächse zurück.

Zu diesem Zeitpunkt beginnen die Gewinne der Produkt-Unternehmen erst zu wachsen. Aufgrund der langen Entwicklungszeiten für Medikamente von bis zu zehn Jahren (siehe Seite 29 ff.) kann die Gewinnschwelle (für ein bestimmtes Medikament) erst nach elf, zwölf oder dreizehn Jahren erreicht werden. Das Risiko eines Fehlschlages nach langer Entwicklungsphase kennen Plattform-Unternehmen nicht.

Reine Plattform-Firmen gibt es indes kaum noch. Alle versuchen mehr oder weniger, durch die schnell erzielbaren und sicheren Einnahmen aus der Plattform-Technologie die Forschung und Entwicklung eigener Produkte zu finanzieren.

Die Genomik-Industrie ist stark fragmentiert und wird von Fusionen und Übernahmen geprägt sein. Kandidaten werden vor allem die sein, denen es nicht in absehbarer Zeit gelingt, einen eigenen Wirkstoff zu entdecken, die ihre Technologie nicht auf dem führenden Stand halten oder es versäumen, neue Technologien zu entwickeln.

Insgesamt ist der Genomikmarkt nach Einschätzung der WestLB Panmure mit einem derzeitigen Marktvolumen von 900 Millionen Dollar (1999) und einem Wachstumspotenzial von 24 Prozent pro Jahr in den nächsten fünf Jahren einer der attraktivsten Bereiche der Biotech-Branche. Doch die Tatsache, dass *ein* Blockbuster-Medikament bereits dem derzeitigen gesamten Marktvolumen der Genomik entspricht, zeigt deutlich die unterschiedlichen Dimensionen.

Gentherapie

Die Gentherapie versucht, Fehler im Erbgut zu korrigieren. Solche Fehler sind für viele Erbkrankheiten und auch für die Entstehung von Krebs verantwortlich. Aber auch bei der Alzheimerkrankheit, der Parkinsonschen Krankheit und bei Infektionskrankheiten wie Aids kann sie eingesetzt werden. Bei der Gentherapie werden Gene, die bei einem Patienten defekt sind oder fehlen, in die Zelle eingeschleust.

Exkurs: Erfolge und Risiken der Gentherapie

Die erste gentherapeutische Anwendung wurde im Jahr 1990 an einem vierjährigen Mädchen vorgenommen. Das Kind litt an einer sehr seltenen, angeborenen Immunschwäche. Den Abwehrzellen fehlte das Entgiftungsenzym Adenosin-Desaminase (ADA), sodass diese abstarben. Die Ärzte schleusten im Reagenzglas in die weißen Blutkörperchen des Kindes ein gesundes ADA-Gen ein und führten dem Körper die gentechnisch veränderten Zellen wieder zu. Die Therapie war erfolgreich. Während vorher schon jede kleine Erkältungskrankheit lebensbedrohend war, war es später gegen Infektionen wie andere Kinder auch geschützt. Allerdings: Da die weißen Blutkörperchen nur eine begrenzte Lebensdauer haben, muss die Behandlung ein- bis zweimal im Jahr wiederholt werden.

So erfolgreich die Gentherapie in diesem Fall eingesetzt werden konnte, in einigen 100 anderen Fällen war sie wirkungslos. Nach dem Tod des 18-jährigen Jesse Gelsinger hat das FDA im Januar 2000 die Weiterführung gentherapeutischer Versuche am Institut for Human Gene Therapy an der Universität von Pennsylvania untersagt. Es wurden anschließend noch weitere Todesfälle bekannt, die entgegen den Vorschriften zunächst nicht an das National Institute of Health gemeldet worden waren.

Von einem ersten durchschlagenden Erfolg der Gentherapie, der weitgehend unbeachtet blieb, berichtet der Informationsdienst »medical strategy« Mitte 2000. Drei Säuglingen im Alter von vier bis 11 Monaten fehlte ein Gen, das für die Funktionsfähigkeit der Lymphozyten notwendig ist. Die Kinder mussten vor dem Eingriff in so genannten Life-Islands von den Keimen der Umgebung isoliert leben.

Französichen Forschern gelang es, durch Gentherapie die Funktionsfähigkeit der Lymphozyten herzustellen. Nach der Gentherapie zeigten die Kinder auch nach einem Jahr eine andauernde Besserung, sodass sie ohne Isolationsschutz zu Hause leben können.

Viele Erkrankungen sind nach Meinung der Wissenschaft auf genetische Ursachen zurückzuführen. Bis zu 10 000 Gene werden verdächtigt, bei Erkrankungen eine Rolle zu spielen. Davon sind erst 100 Gene identifiziert. Am unproblematischsten und am meisten Erfolg versprechend erscheint die Anwendung der Gentherapie bei den bisher 4 000 diagnostizierten Erkrankungen, die durch einen einzigen Defekt in nur einem Gen verursacht werden, wie dies zum Beispiel bei dem Fehlen des Entgiftungsenzyms Adenosin-Desaminase (ADA) der Fall war. Die Zahl der davon betroffenen Patienten ist klein.

Doch die meisten gentechnisch bedingten Erkrankungen werden nicht durch einen Defekt wie dem Fehlen des Entgiftungsenzyms Adenosin-Desaminase (ADA) oder der Fibrose verursacht, sondern durch Defekte an mehreren Genen (oft fünf bis zehn). Dazu gehören Krebs, Bluthochdruck und Diabetes. Im Gegensatz zu den Erkrankungen, die auf ein Gen und einen Defekt zurückzuführen sind, benötigen die Multi-Gen-Erkrankungen nur eine kurze und einmalige Behandlung, um die Krankheit zu besiegen.

Die viel versprechendsten Entwicklungen in der Gentherapie zeigt Ihnen die folgende Übersicht:

ENTWICKLER	PRODUKT	INDIKATIONS-GEBIETE	MARKT-EINTRITT
Introgen Therap.	INGN 201	Kopf- und Nackenkrebs	2005/2006
Transkaryotic	GA-EPO9	Anämie	2003/2004
Vical	Allovectin-7	Haut-, Kopf-, Nackenkrebs	2003/2004
Genetic Therapy	GLI-328	Hirntumor	2002/2003
ISIS Pharm.	ISIS 2302	Morbus Crohn	2002/2003
ISIS	Vitravene	Netzhautenzünd. bei Aids	2003/2004

Quelle: WestLB Panmure, Biotech Alliance Database

Derzeit befinden sich diese Produkte alle in der klinischen Erprobung. Außer den in der Tabelle genannten Firmen arbeiten nach Angaben der WestLB diese US-Unternehmen an aussichtsreichen Projekten: Genzyme Molecular Oncology (zur Genzyme-Gruppe gehörend), Targeted Genetics und Ariad. Die französische Firma Transgene hat Produkte gegen Krebs (Brust, Prostata, Lunge, Haut und Darm) sowie Cystische Fibrose und Muskeldystrophie in der Pipeline.

Die Verfahren zum Verpflanzen von Genen sind noch sehr aufwendig und teuer. Bis die Gentherapie zu einer routinemäßig anwendbaren Behandlungsform wird, bei der Gene ähnlich wie Medikamente einfach in die Blutbahn injiziert werden und dann mit einer Art Adressenaufkleber ihr Zielorgan finden, ist noch jahrelange Entwicklungsarbeit zu leisten. An dieser Feststellung in einem Arbeitspapier der Max-Planck-Gesellschaft aus dem Jahr 1995 hat sich bislang nichts Wesentliches geändert.

Außerdem sind die Kosten für eine Gentherapie (ca. 150 000 DM) von den öffentlichen Gesundheitssystemen kaum zu tragen. Ungelöst sind auch der Transport des Gens in die Zielzelle und der Schutz des Gens vor Zerstörung durch das Immunsystems des Patienten.

Antikörperforschung und -therapie

Therapien, die auf Antikörpern beruhen, gehören derzeit zu den erfolgreichsten Biotechnologie-Produkten. Einige haben das Zeug, zum Blockbuster zu werden.

Antikörper sind Eiweißmoleküle, die körperfremde Strukturen erkennen und sich an diesen festheften. Sie werden gebildet in den B-Zellen des Lymphsystems, wenn Fremdkörper, die so genannten Antigene (Bakterien, Viren), in den Körper gelangen. Die Antikörper, auch Immunglobine genannt, haben eine wichtige Aufgabe bei der menschlichen Abwehr von Krankheitserregern. Wenn sie mit einem köperfremden Stoff in Berührung kommen, geben sie ein Warnsignal an die körpereigenen Zellen und lösen weitere biochemische und zelluläre Prozesse aus, die zur Zerstörung des unerwünschten Eindringlings führen.

Als monoklonale Antikörper werden sie bezeichnet, wenn sie aus *einer* Zellfamilie (Klon) stammen. Georges Köhler und César Milstein gelang es, eine Plasmazelle, die einen angestrebten Antikörper herstellt, in einem Reagenzglas mit einer Tumorzelle zu verschmelzen (Nobelpreis 1984). Das Produkt aus diesem Verschmelzungsprozess hatte Eigenschaften von beiden Grundsubstanzen: von der Krebszelle die Fähigkeit zur unbegrenzten Teilung, von der Plasmazelle die Fähigkeit, den gewünschten Antikörper herzustellen. Alle Zellen, die daraus entstehen, haben dasselbe Erbgut, sie bilden einen Klon, daher der Name monoklonale Antikörper.

Monoklonale Antikörper werden für die medizinische Forschung und Entwicklung, aber auch in der Therapie eingesetzt. Mithilfe monoklonaler Antikörper kann zum Beispiel festgestellt werden, wie stark die Konzentration von Tumormarkern in einer Blutprobe ist. Tumormarker tauchen bei einer Krebserkrankung vermehrt im Blut auf und werden zur Diagnose und bei der Verlaufsbeobachtung einer Krebserkrankung eingesetzt. Die wichtigsten monoklonalen Antikörper in der Übersicht:

Entwickler	Produkt	Indikationsgebiete	Umsatzerwartung*
Ortho Biotech	Orthoclone1	Abstoßreaktion bei Transplantation	25
Centocor	ReoProO9	Gerinnungshemmer bei Infarkttherapie	1 000
IDEEC/ Genentech		malignes Non-Hodgkin-Lympoma	400
Protein Design Labs	Zenapax	ähnlich wie Ortoclone	100
Medimmun	Synagis	Prophylaxe bei RSV-Infektionen	1 400
Centocor	Remicade	Autoimmun-Krankheiten	1 500
Genentech	Herceptin	Brustkrebs	500

* in Millionen US-Dollar; Quelle: WestLB Panmure

Bei den oben genannten Antikörpern handelt es sich ausschließlich um humanisierte monoklonale Antikörper. Ursprünglich konnten monoklonale Antikörper nur in Mäusen hergestellt werden. Doch das Mausprotein führte zu heftigen Immunreaktionen, die wiederholte Therapien unmöglich machten und die Wirksamkeit der Therapie deutlich einschränkten.

Durch biotechnische Veränderungen können mittlerweile mithilfe transgener Mäuse rein humane Antikörper hergestellt werden. Bahnbrechend waren dabei die Entwicklungen von Abgenix (Xeno-Mouse) und Medarex (HuMAb-Mouse). Diese rein humanen Antikörper haben eine lange Halbwertzeit und lösen keine Immunreaktion aus.

Eine weitere Methode, rein humane Antikörper herzustellen, ist das Phagen-Display-Verfahren, das von Cambridge Antibody Technology angewandt wird. Dabei wird den Phagen (Bakterien infizierende Viren) das Gen eines menschlichen Antikörpers eingesetzt. Nach der Infektion des Bakteriums vermehrt sich der Phage und die Tochtergenerationen tragen den wichtigen variablen Teil eines humanen Antikörpers an der Oberfläche. Er lässt sich dann isolieren und in einem weiteren Schritt zu einem humanen Antikörper ausbauen.

Die am Neuen Markt notierte Morhopsys hat eine Methode entwickelt, durch Austausch einzelner Nukleinsäuren in isolierten menschlichen Antikörper-Genen Antikörper synthetisch herzustellen. Dadurch kann auch eine Vielzahl von Antikörpervarianten hergestellt werden.

Die Phagen-Display-Methode ist zwar teurer und schwieriger als die Herstellung mithilfe transgener Mäuse, aber sie hat einige andere Vorteile: Die Produktionszeit nimmt nur wenige Wochen in Anspruch, während bei der Herstellung mithilfe transgener Mäuse einige Monate erforderlich sind. Außerdem lässt sich diese Herstellung durch High-Throughput-Screening gut automatisieren.

Der Markt für monoklonale Antikörper wächst schneller als der Gesamtmarkt der Biotechnologie. Während der Biotech-Branche ein jährliches Wachstum von 20 bis 25 Prozent vorausgesagt wird, wächst der Markt für Antikörper um rund 40 bis 50 Prozent pro Jahr. Bis zum Jahr 2004 könnte der Markt für monoklonale Antikörper auf rund sechs Milliarden Dollar expandieren.

Auch der Markt für Antikörper erhält neue Impulse durch die Genomik und die Proteomik. Durch die Sequenzierung des menschlichen Genoms wird die Zahl der identifizierten Zielmoleküle steigen, die mit der Entstehung von Krankheiten in Verbindung gebracht werden. Ob diese Targets wirklich von therapeutischer Bedeutung sind, lässt sich mithilfe von Antikörpern feststellen. Darüber hinaus führt jedes Protein, das als krankheitsrelevant entlarvt (validiert) wird, zu einem neuen Antikörper. Denn zu jedem dieser krankheitserzeugenden Proteine gibt es nach dem Schlüssel-Schloss-Prinzip auch einen Antikörper.

Gentechnik

So umstritten hierzulande die Gentechnik bei der Pflanzenherstellung ist, so unbestritten ist der Einsatz im tierischen Bereich. Dies liegt vor allem daran, dass es nie zur Diskussion stand, transgene Tiere für die Fleischerzeugung zu züchten. Beim Gentransfer in Versuchs- und Nutztiere geht es immer nur um medizinische Zwecke. Transgene Mäuse und Ratten können als Modell für die Erforschung menschlicher Krankheiten und Erbdefekte dienen. Darüber hinaus werden sie (siehe Seite 23) zur Produktion von Antikörpern genutzt. Transgene Tiere können aber auch Proteine erzeugen, die vom Menschen benötigt werden, die diese aber aufgrund einer Krankheit oder eines Erbdefekts nicht oder nicht im gewünschten Umfang erzeugen können.

Proteine steuern den Stoffwechsel im menschlichen Körper, ob sie nun als Enzyme (Verdauungsenzyme) oder Hormone (Insulin) auftreten oder als Plasmaproteine (Albumin) vorkommen. Wenn diese Stoffe aufgrund eines Gendefekts nicht oder nicht in genügendem Umfang im menschlichen Körper hergestellt werden, kann im Zuge gentherapeutischer Maßnahmen versucht werden, das Gen zu reparieren oder zu ersetzen. Solange die Gentherapie aber nicht zu überzeugenden Ergebnissen führt (siehe Kapitel »Gentherapie«, Seite 19 ff.), können diese fehlenden Proteine auf gentechnischem Wege hergestellt und dem Körper zugeführt werden. Diese Methode ist nicht überall anwendbar, bei einigen Proteinen aber möglich.

Am einfachsten ist diese Zuführung bei Insulin, Interferon und einigen Wachstumshormonen, die mithilfe von Bakterien hergestellt werden können. Für einige Enzyme reichen auch Pilze und Hefen, wie bei dem ersten gentechnisch hergestellten Produkt, dem 1983/84 zugelassenen Hepatitis-B-Impfstoff. Die komplizierteste und zeitaufwendigste Methode ist die über transgene Tiere wie bei der Alpha Glucosidase. Das gewünschte Protein ist in der Milch der transgen erzeugten Kuh enthalten. Aber hier ist die Fehlerquote bei der Einbringung des entsprechenden Gens recht hoch, zudem stellt sich erst mit der Geschlechtsreife der Tiere heraus, ob das Experiment gelungen ist. Diesen Weg geht zum Beispiel Pharming. Aber unbestritten ist das Pharming-Vorgehen zumindest in den Niederlanden nicht, denn das Unternehmen musste zur Erzeugung transgener Tiere nach Belgien, Finnland und in die USA gehen.

Den schwierigsten Prozess stellt aber die Herstellung von Fusionsproteinen dar, die aus separaten Untereinheiten verschmolzen werden. Die Schwierigkeiten von Aviron mit dem Grippeschutzmittel FluMist erklären sich daraus, dass die einzelnen Untereinheiten eine unterschiedliche Qualität hatten, was die Verschmelzung verhinderte. Die gentechnisch hergestellten Medikamente mit dem höchsten Umsatz sind Epogen (Erythropoetin) mit rund 1,8 Milliarden Dollar (Amgen), Neupogen (1,3 Milliarden Dollar, ebenfalls von Amgen) und Hufmulin (Insulin) von EliLilly. Weitere gentechnisch hergestellte Produkte sind Activase (Genentech), Enbrel (Immunex), Protropin (Genentech), Cerezyme (Genzyme) und Avonex (Biogen) sowie Betaferon (Schering).

Die Bewertung von Biotech-Titeln

Wie in allen Branchen, die mit neuen, innovativen Technologien arbeiten, ist es schwierig, Biotech-Titel richtig zu bewerten. Denn die herkömmlichen, in der Aktienanalyse angewandten Kennzahlen wie etwa das Kurs-Gewinn-Verhältnis (KGV) oder das Kurs-Cashflow-Verhältnis, stehen bei Biotech-Unternehmen nicht zur Verfügung. Ein Cashflow und erst recht Gewinne sind erst nach einigen Jahren zu erwarten. Ein KGV für das Jahr 2000 oder 2001 ist bei den meisten kleinen Biotech-Titeln nicht zu ermitteln.

Das DCF-Modell

In der Praxis gibt es viele Versuche, dieses Manko durch bestimmte Berechnungsmodelle auszugleichen. Wenn es im Augenblick noch keine Gewinne gibt, aber in den nächsten Jahren mit großer Wahrscheinlichkeit Gewinne zu erwarten sind (das ist ja der Normalfall bei jungen Biotech-Unternehmen), wird die so genannte Discounted-Cashflow (DCF)-Formel angewandt. Dabei wird der künftige Cashflow mit einem Zins auf den heutigen Tag abgezinst. Beachten Sie: Das ist nur sinnvoll, wenn spätestens in drei Jahren ein Cashflow erwartet wird.

Der Hauptmangel dieser Formel für Biotech-Unternehmen: Es wird durch die Anwendung einer mathematischen Formel eine Zuverlässigkeit unterstellt, die die Unsicherheit der künftigen Zahlungsströme ignoriert. Weiterhin: Mit welchem Zins sollen die Zahlungsströme abdiskontiert werden? Es muss natürlich mindestens der Kapitalmarktzins sein plus Risikoaufschlag für die Branche und für das einzelne Unternehmen, dessen Risiko ja von dem der Branche abweichen kann. Daraus ergeben sich Abzinsungsfaktoren zwischen 25 und 45 Prozent. Danach wären die meisten Biotech-Unternehmen überbewertet. Immerhin lässt sich mit dieser Formel das unterschiedliche Maß der Überbewertung feststellen.

Ein weiterer Nachteil dieser Methode: Die Wachstumsdynamik wird auf diese Weise nicht hinreichend berücksichtigt. Nach einer Faustformel lässt sich von einem Wachstums-Unternehmen sagen, das Gewinne erzielt: Bei einem nachhaltigen jährlichen Gewinnwachstum von 50 Prozent ist auch eine Bewertung mit dem 50fachen des Gewinns je Aktie nicht zu hoch. Bei einem jährlichen Gewinnwachstum von 30 Prozent sollte das Kurs-Gewinn-Verhältnis auch nur 30 betragen. Hier geht also das unterschiedliche Wachstumstempo in die Bewertung ein. Das ist beim DCF-Modell nicht der Fall.

Umsatz und Marktkapitalisierung

In der Praxis behilft man sich mit Größen, die zumindest den Vorteil haben, dass sie sich leicht eruieren lassen. So wird der Umsatz mit der Marktkapitalisierung (Wert aller Aktien eines Unternehmens zum Börsenkurs) in Beziehung gesetzt. Eine solche Kennzahl besagt für sich allein genommen nichts. Sie kann nur ein wenig Aussagekraft gewinnen durch den Vergleich mit anderen Unternehmen der Branche. Aber wenn die ganze Branche überbewertet ist, wie das zeitweise bei den Genomik-Unternehmen der Fall war, wird dies nicht erkennbar. Auch die Internet-Aktien sind dafür ein aktuelles Beispiel. Es gibt keine für alle Zeiten und Branchen gültige Regel für die Bewertung eines Unternehmens nach der Formel Börsenkapitalisierung dividiert durch Umsatz.

Außerdem hat die Analyse nach Marktkapitalisierung dividiert durch Umsatz den ganz entscheidenden Nachteil, dass das eigentlich einzig wirklich wichtige Kriterium, der Gewinn, völlig aus den Augen verloren wird und keine Rolle bei der Unternehmensbewertung mehr spielt. Warum investieren Sie in ein Unternehmen? Weil Sie glauben, dass es stark steigende Gewinne erzielen wird und dass sich dies auch im Aktienkurs widerspiegeln wird.

Cash-Burn-Rate

Bei jungen Unternehmen, die noch keine Gewinne machen, aber hohe Forschungsausgaben zu leisten haben, wird auch gern die so genannte Cash-Burn-Rate herangezogen. Sie gibt an, wie lange das Unternehmen »Geld verbrennen kann«, also Geld für Forschungsaufwendungen ausgeben kann, ohne dass neue Finanzierungsmittel aufgenommen werden müssen. Vor allem bei den Internet-Titeln hat diese Zahl in den letzen Monaten einige Bedeutung bekommen. Der Grund: Außer der Geschäftsidee und liquiden Mitteln in der Kasse hatten viele Unternehmen nichts vorzuweisen. Das ist bei 99 Prozent der Biotech-Unternehmen anders. Sie haben Mittel in die Forschung gesteckt. Selbst wenn daraus keine Produkte werden, sind diese Mittel nicht nutzlos verbrannt worden. Das Unternehmen besitzt ein Know-how, das es auch für Übernahmen wertvoll macht. Es besitzt in der Regel Wirkstoffe in der Pipeline, die zumindest in Erprobungsstadien sind. Das heißt: Den Forschungsaufwendungen stehen auch Werte gegenüber, die zwar schwer zu quantifizieren sind, aber einen Vermögensgegenstand darstellen.

Für Biotech-Firmen ist die Cash-Burn-Rate vor allem ein wichtiges Signal, wann neue Mittel am Kapitalmarkt aufzunehmen sind. Die Unternehmen haben heute in der Regel keine Schwierigkeiten, über die Börse neue Mittel zu beschaffen. Das war nach dem ersten Biotech-Boom Ende der 80er-Jahre grundlegend anders. In den Jahren 1992 und 1993 hatten die Biotech-Firmen große Mühen, Anleger zu finden, die ihnen »fresh money« zur Verfügung stellten. Heute aber sind die Anleger fasziniert von den immensen Chancen, die die Biotech-Branche bietet, und auch bereit, bei Kapital-Erhöhungen neue Aktien zu zeichnen.

Richtig vergleichen

Wenn Sie ein Unternehmen mit anderen Vertretern der Branche vergleichen möchten, sollten Sie darauf achten, nicht Äpfel und Birnen gegenüberzustellen. Auch wenn es sich bei den Biotech-Firmen um die

Vertreter einer Branche handelt, können die Unterschiede ganz enorm sein. Am augenfälligsten ist der Unterschied, wenn Sie Produkt- und Plattform-Unternehmen miteinander vergleichen.

Wie schon an anderer Stelle erwähnt: Plattform- und Produkt-Unternehmen haben eine ganz unterschiedliche Chance-Risiko-Struktur. Plattform-Unternehmen können relativ schnell Gewinne ausweisen. Diese Gewinne sind für einen Zeitraum von fünf bis sieben Jahren auch recht sicher zu prognostizieren. Dagegen brauchen die Unternehmen, die einen Wirkstoff entwickeln, länger, um Gewinne zu erzielen. Diese dürften aber nachhaltiger fließen als bei den Plattform-Unternehmen.

Wenn Sie Produkt-Unternehmen miteinander vergleichen, sollten Sie darauf achten, dass diese an ähnlichen Produkten arbeiten oder dass das Marktpotenzial des Wirkstoffs, den die beiden Unternehmen erforschen, etwa gleich groß ist. Allerdings sollten Sie nie davon ausgehen, dass unter den Wirkstoffen ein Blockbuster-Produkt ist. Blockbuster lassen sich nicht vorher vorhersagen. Deshalb sollten Sie, wenn Sie das Marktpotenzial eines Produktes zum Vergleichsmaßstab machen, immer von einem Worst- und einem Best-Case-Szenario ausgehen – die Wahrheit liegt meist in der Mitte.

Es wird indes schwierig sein, für ein deutsches Biotech-Unternehmen in Deutschland oder Europa eine Firma zu finden, die sich für einen Vergleich eignet. Sie werden kaum umhinkommen, dann auch amerikanische Unternehmen, die an der Nasdaq notiert werden, heranzuziehen.

Die Produktpipeline – ein langer Weg

Den Biotech-Firmen geht es vor allem darum, im menschlichen Organismus Angriffsflächen für die Behandlung einer Krankheit, die so genannten Targets, auszumachen und Wirkstoffe zu finden, die eine therapeutische Wirkung erzielen. Daraus sollen letztlich Medikamente entwickelt werden, die am Markt verkauft werden können. Ein wichtiges Kriterium bei der Auswahl sollte also die Produktpipeline eines Biotech-Unternehmens sein.

Beobachten Sie an der Börse, auf welche Nachrichten die Biotech-Werte am stärksten reagieren: Wenn ein Produkt in die klinische Erprobung geht oder wenn veröffentlicht wird, dass die ersten Tests die therapeutische Wirkung eines Präparats bestätigt haben, steigt der Kurs des Unternehmens. Er fällt, wenn die Tests keine therapeutische Wirkung zeigen oder starke Nebenwirkungen auftreten.

In der Produktpipeline steckt die Zukunft der meisten Biotech-Unternehmen. Und der Weg von der Identifikation und Validierung eines Wirkstoffs bis zu seiner Zulassung als Medikament ist immer der gleiche. Er dauert rund acht bis zehn Jahre von der ersten Idee bis zur Marktzulassung eines Medikaments.

In der **präklinischen Phase (zwei bis vier Jahre)** sucht man Proteine, die mit Krankheiten assoziiert werden, und erforscht das Gegenmittel. Ist ein neuer Wirkstoff gefunden, werden Informationen zur Größe des potenziellen Marktes gesammelt, Tests in Zellkulturen oder isolierten Organen durchgeführt und Tierversuche vorgenommen. Am Ende der präklinischen Phase steht die Prüfung der Ergebnisse durch die US-amerikanische FDA (Food and Drug Administration) oder die europäische EMEA (European Medicines Evaluation Agency). Sie finden für den Zulassungsantrag für die klinische Erprobung in den USA sehr oft die Abkürzung IND (investigational new drug) oder CTX (clincial trial exemption). In diesem Antrag werden auch die Versuchsreihen für die Phase I und Phase II der klinischen Erprobung festgelegt. Achtung: Von 250 Wirkstoffen, die von der präklinischen Phase in die klinische Erprobung kommen, erhält nur ein Präparat die Zulassung!

In der **klinischen Phase I (ein Jahr)** wird der Wirkstoff an etwa 50 bis 100 gesunden Personen ausprobiert, die sich freiwillig zur Verfügung stellen und dafür Geld erhalten.

Es geht hier vor allem um die Verträglichkeit und die Prüfung, ob die Ergebnisse der Tierversuche (Ausscheidung, Konzentrationen im Blut, Blutveränderung) auf den Menschen übertragen werden können. Nur 12 von 100 Wirkstoffen, die die Phase I durchlaufen haben, kommen auf den Markt

Die wichtigste Phase ist die **Phase II (ein bis zwei Jahre)**. 100 bis 200 Personen, die an der Krankheit, für deren Indikationsgebiet das getestete Medikament vorgesehen ist, leiden, wird das Präparat verabreicht. Es muss eine Wirkung gegenüber Placebos nachgewiesen werden, und das Präparat muss eine bessere Wirkung als am Markt befindliche Medikamente entfalten. Nur 31 Prozent der hier getesteten Mittel ereichen die Marktreife.

In der teuersten Phase, der **Phase III (zwei bis drei Jahre)**, wird das Mittel in einer Doppelblinderprobung an 300 bis 3000 Personen getestet. Das heißt: Weder der Patient noch der Arzt wissen, welcher Patient das Medikament und welcher ein Placebo erhalten hat. Das Medikament muss bei mehreren hundert Patienten deutliche Wirkung zeigen.

Nach Beendigung der klinischen Erprobungsphasen werden die Unterlagen an die Zulassungsstelle für Arzneimittel eingereicht. Nach einer Prüfzeit von rund **sechs Monaten** erhält das Mittel, wenn seine Wirksamkeit erwiesen ist, die **Zulassung**. Wenn die Ergebnisse nicht ausreichen, kann es aber auch passieren, dass die Zulassungsstelle weitere Studien verlangt.

Bis das Medikament **am Markt eingeführt** ist, können noch einmal ein bis anderthalb Jahre ins Land gehen.

Erträge erst durch Vermarktung

So wichtig für die Bewertung der Biotech-Unternehmen die Produktpalette ist, vergessen sollten Sie keinesfalls die Bedeutung der Vermarktung. Es ist kein Zufall, dass viele Biotech-Unternehmen die Vermarktung ihrer Produkte den großen Pharma-Firmen übertragen. Denn gerade auf dem US-Markt ist es wichtig, einen schlagkräftigen Vertriebsapparat zur Verfügung zu haben.

Die Forschung und Entwicklung machen 10 bis 20 Prozent der Wertschöpfungskette aus. 10 Prozent entfällt auf die Produktion, weitere zehn Prozent auf sonstige Auswendungen, 60 bis 70 Prozent aber entfallen auf die Vermarktung. Ein ganz wichtigstes Bewertungskriterium sollte daher die Vertriebskooperation mit großen Pharma-Firmen sein.

Die Bedeutung des US-Marktes für die gesamte Biotech-Branche

Wenn Sie in Biotech-Aktien investieren wollen, kommen Sie an den USA nicht vorbei. Vergegenwärtigen Sie sich folgende Fakten:

- Von den Top Ten der Biotech-Produkte wurden neun in den USA entwickelt.
- In den USA gibt es 3500 Biotech-Unternehmen, davon sind 350 börsennotiert. In Deutschland sind es nur etwa 280 Firmen, von denen noch keine 20 an der Börse gehandelt werden.
- In den USA befinden sich mehr als 300 Produkte in der klinischen Phase III.
- Nur rund 8000 Mitarbeiter zählt die deutsche Biotech-Branche, schon 160 000 sind es in den USA.
- Während die US-Biotech-Firmen an Produkten arbeiten, sind die deutschen Unternehmen technologie-orientiert.

Michael Fischer, Herausgeber des Biotech-Börsenbriefes »medical strategy«, glaubt, dass die deutschen Unternehmen rund fünf Jahre hinter den USA herhinken. Das ist kein Wunder. Bis zur Etablierung des Neuen Marktes 1997 gab es für deutsche Biotech-Firmen keine Möglichkeit, sich über die Emission von Aktien zu finanzieren. Venture-Capital-Firmen und Business Angels sind erst in den letzen Jahren aktiv geworden. Zudem wurde die Forschung durch unangemessene Auflagen behindert. Und eine Forschungsförderung setzte erst sehr spät ein.

Aber Deutschland holt zumindest in Europa auf. In keinem europäischen Land gibt es so viele Biotech-Unternehmen wie in Deutschland. Die Bundesrepublik hat damit Großbritannien überholt, das allerdings bei den börsennotierten Unternehmen mit rund 35 noch vorn liegt. Megatrend-Erforscher Nefiodow glaubt, dass die Biotech-Werte in 15 Jahren am Neuen Markt dominieren werden. Noch stehen sie eindeutig im Schatten der Internet-Werte.

Gleichwohl: Auch in Zukunft wächst der US-Pharma-Markt schneller als alle anderen Pharma-Märkte. In den Jahren 2000 bis 2004 wird der US-Markt um jährlich 11,1 Prozent expandieren. Der Weltmarkt kommt auf eine Wachstumsrate von 8,4 Prozent, Europa auf 7,5 Prozent (IMS Health).

Mit Fonds
vom Boom profitieren

Auch mit Fonds können Sie vom Biotech-Boom profitieren. In den letzten zwölf Monaten sind Fonds dieser Art wie Pilze aus dem Boden geschossen – kein Wunder nach den starken Kursgewinnen, die Biotech-Aktien in den letzten Monaten brachten.

Das Angebot der Investmentgesellschaften belegt das zunehmende Interesse der Anleger an dieser Branche. Die beiden größten Fonds, der DIT Biotechnologie und der DWS Biotech Aktien Typ O bringen es immerhin auf ein Volumen von sechs Milliarden Mark. Die Fonds sind große Kapitalsammelstellen und suchen fortwährend Anlagemöglichkeiten. Auch als Direktanleger in Biotech-Aktien kann Ihnen das nur recht sein: Die Nachfrage treibt die Kurse in die Höhe und gibt den Notierungen der Biotech-Aktien eine solide Basis.

Fonds	Wertentwicklung in %			Wertpapier-
	1 Jahr	3 Jahre	5 Jahre	Kennnummer
DG Lux Lacuna BioTech.	177,6			989696
DIT Biotechnologie	119,2			848186
DWS Biotechaktien Typ O	218,4			976997
Oyster Biotechnology	150,9			926295
Pictet G.S.F.Biotech	223,0	430,7	751,8	988562
UBS (Lux)EF Biotech	155,7	305,5		986327

Die in Deutschland angebotenen Biotech-Fonds sind alle noch recht jung. Nur einer besteht länger als fünf Jahre, zwei weitere sind wenigstens drei Jahre auf dem Markt. Die meisten Fonds sind erst in den letzen zwölf Monaten aufgelegt worden – unter dem Eindruck der rasanten Kursgewinne der Biotech-Aktien.

Auffallend ist, dass immer mehr Fonds von Medizinern, Pharmakologen oder Molekularbiologen beraten oder gar verwaltet werden. Zum Beispiel managt der ausgebildete Biochemiker Michael Sistenich den DWS Biotech-Aktien Typ O und den DWS Funds Biotech; der Mediziner Dr. Michael Fischer berät den DG Lux Lacuna Apo BioTech, und Vincent Ossipow, Molekularbiologe, unterstützt als Co-Fondsmanager Michael Sjöström bei der Betreuung des Pictet Biotech, der auf den besten und längsten Track Rekord zurückblicken kann: In den letzten fünf Jahren ein Plus von 751,8 Prozent.

Eckhardt Sauren, der den derzeit besten Dachfonds managt, setzt bei Biotech-Fondsmanagern auf naturwissenschaftliches Know-how. Anders als bei Technologie-Fonds sind medizinische und molekularbiologische Fachkenntnisse notwendig, glaubt Sauren.

Für Fonds spricht natürlich, dass Sie bei einer Anlage auch vom Know-how der Fondsmanager profitieren. Wenn Sie selbst wenig Zeit haben, um Informationen einzuholen und regelmäßig die Berichte aus der Biotech-Branche zu studieren, ist eine Anlage in Fonds ausgesprochen sinnvoll. Der Fondsmanager hat zudem auch die Möglichkeit, das Investment in einer Breite zu streuen, die dem Privatanleger wegen der fehlenden Anlagemittel kaum möglich ist. Eine vernünftige Risikostreuung erfordert gerade im Biotech-Bereich eine Mindestzahl von zehn bis 15 Werten. Chancen und Risiken liegen oft dicht beieinander, doch bei einer Vielzahl von Aktien fällt es nicht so ins Gewicht, wenn die Erwartungen bei einem Wert nicht aufgehen.

Ziehen Sie Fonds vor, die in kleine Werte investieren. Hier sind die Risiken, aber auch die Chancen größer: Wenn ein kleines Unternehmen einen Wirkstoff findet oder mit der Zulassung eines Produktes Erfolg hat, bringt das größere Kursgewinne als bei einem Unternehmen wie Amgen. Die größeren Risiken lassen sich durch eine entsprechend große Aktienauswahl im Fonds reduzieren.

Sie sollten indes auch auf die Größe des Fonds achten. Ein sehr großer Fonds mit mehreren Milliarden Mark Fondsvolumen ist nicht mehr so beweglich wie ein kleinerer Fonds. Die großen Fonds müssen wohl oder übel auch in die großen Biotech-Werte investieren – damit sind auch die Chancen auf Wertzuwächse geringer.

Chancen und Risiken

Biotech-Aktien bieten hervorragende Kurschancen, das haben die letzen Jahre gezeigt. Mit einem Wert wie Medarex konnten Sie in wenigen Jahren mehr als 4000 Prozent Gewinn machen. Aber Sie sollten auch die Risiken nicht vergessen. Erinnern Sie sich an die empfindlichen Kursverluste, die die meisten Biotechnologie-Werte von Frühjahr bis Herbst 2000 nach ihrem spektakulären Höhenflug erlitten.

Wenn Sie in Biotech-Aktien anlegen, sollten Sie auf jeden Fall einen Zeithorizont von drei bis fünf Jahren, besser noch länger, einplanen. Investieren Sie nur einen Teil Ihres freien Geldvermögens in Biotech-Aktien und verteilen Sie dieses Geld auf zehn, besser noch 15 Aktien. Und Sie sollten bereit sein, sich regelmäßig und kontinuierlich über die Branche zu informieren. Das Internet gibt Ihnen dazu die Möglichkeit.

Seien Sie skeptisch, wenn vermeintliche Wundermittel angepriesen werden, und richten Sie Ihr Augenmerk auf Firmen, die mehrere Produkte in der Pipeline haben.

Wir haben gesehen, dass viele Fonds als Berater, ja sogar als Fondsmanager Naturwissenschaftler, Biologen oder Mediziner einschalten. Lohnt es sich eigentlich für einen medizinischen Laien, in Biotech-Aktien anzulegen, oder sollte man dies besser den Insidern überlassen? Gewiss hat der Vorgebildete Vorteile, wenn es darum geht, die medizinische Tragweite eines neuen Wirkstoffs zu ermessen. Aber hellsehen können auch die Ärzte oder Biologen nicht. Dr. Axel Ulrich, lange Jahre in den Diensten von Genentech und Mitgründer der amerikanischen Biotech-Firma Sugen, gab in einem Interview mit »Going Public Biotechnologie« zu, dass er nicht immer erfolgreich in Biotech-Aktien investiert habe, weil die Börse eben besonderen Parametern folge. Zu beurteilen, ob und in welchem Umfang eine Nachricht börsenrelevant ist, dazu gehören andere Dinge als Fachwissen.

50 chancenreiche Werte aus den Labors

Abgenix, Inc.

Tätigkeit:	Antikörperforschung und -entwicklung
WKN:	915298
Börsen-Kürzel:	ABGX
Gründungsjahr:	1996
Adresse:	7601 Dumbarton Circle
	Fremont, CA 94555, USA
Telefon:	(0 01) 5 10-6 08-65 00
Fax:	(0 01) 5 10-6 08-65 11
Internet:	http://www.abgenix.com
Börsennotiz:	Nasdaq
Höchstkurs:	103,250 US-$
Tiefstkurs:	12,156 US-$

	2000	2001	2002
Ergebnis je Aktie (US-$)	– 0,095	– 0,15	k. A.
Umsatz (Mio. US-$)	k. A.	k. A.	k. A.

Abgenix arbeitet an einem Verfahren, mit dem menschliche Antikörper künstlich hergestellt werden sollen. Gentechnisch veränderte Mäuse, die dem menschlichen Immunsystem nachgebildet sind, bilden die Antikörper.

Auf Basis des Abgenix XenoMouse-Verfahrens will der US-Pharma-Konzern Pfizer ein Anti-Krebs-Medikament herstellen.

Das Unternehmen besitzt die grundlegenden Technologien und Patente auf dem Gebiet der Antikörperforschung. Praktisch kein Unternehmen, das an einem auf der Basis von Antikörpern wirksamen Medikament arbeitet, kommt an den Patenten von Abgenix vorbei.

Abgenix ist eine so genannte Plattform-Firma, die nicht von einem Medikament abhängig ist, sondern für eine ganze Reihe von Pharma-Unternehmen Basiswissen bereitstellt. Von nicht weniger als 23 Kooperationspartnern bezieht das kalifornische Unternehmen beträchtliche

Lizenzeinnahmen. Bei erfolgreichen Neuentwicklungen ist Abgenix zudem an den künftigen Gewinnen beteiligt.

Aber nicht nur in der Krebsforschung, sondern auch bei Autoimmunkrankheiten, Entzündungen, Herz-Kreislauf-Erkrankungen und Transplantationen zählen monoklonale Antikörper zu den aussichtsreichsten Wirkstoffen. Derzeit sind erst acht Antikörper in der klinischen Erforschung. Analysten schätzen nach Angaben von Business Week, dass es in zehn Jahren rund 100 sein werden, mit denen Umsätze von 50 Milliarden Dollar oder mehr erzielt werden.

Mit einem Börsenwert von mehr als fünf Milliarden Dollar gehört Abgenix zu den Blue Chips der Branche, hat allerdings auch schon beträchtliche Kursgewinne erzielt.

Aber Abgenix will auch auf eigene Faust Präparate herstellen. Bis 2005 sollen nicht weniger als acht neue Medikamente entwickelt werden. Derzeit hat Abgenix drei eigene Antikörper, die sich im vorklinischen Erprobungsstadium am Menschen befinden. Unlängst wurde mit ImmoGenics eine Analyse-Firma übernommen, die dabei helfen soll, neue Präparate zu entdecken.

CHANCEN ●●○○○	RISIKEN ●●●●○
Technologieführer im Bereich Antikörper	Die Aktie ist schon stark im Kurs gestiegen
Nicht von einem Produkt abhängig, sondern an vielen Projekten beteiligt, in denen Antikörper eingesetzt werden	Wegen hoher Marktkapitalisierung können neue gute Nachrichten nur schwer neue Kursimpulse geben
Überzeugende Strategie: Palette von Antikörpern für verschiedene Indikatoren, nicht nur gegen Krebs	Gewinne sind frühestens 2002 zu erwarten
Zusätzliche Fantasie durch eigene Produktpipeleine	In der Krebstherapie könnten andere Methoden in den nächsten Jahren die Antikörper-Medikation überholen

Affymetrix

Tätigkeit:	Entwicklung von Biochips
WKN:	901198
Börsen-Kürzel:	AFFX
Gründungsjahr:	1993
Adresse:	3380 Central Expressway
	Santa Clara, CA 95051, USA
Telefon:	(001) 40 87 31-55 03
Fax:	(001) 40 84 81-94 22
Internet:	http://www.affymetrix.com
Börsennotiz:	Nasdaq
Höchstkurs:	163,5 US-$
Tiefstkurs:	42,188 US-$

	2000	2001	2002
Ergebnis je Aktie (US-$)	– 0,273	0,308	0,543
Umsatz (Mio. US-$)	k.A	k.A	k.A

Affymetrix hat eine Spitzenstellung bei DNS-Chips. Das Marktpotenzial bis 2005 wird von Experten auf 1,5 Milliarden Dollar geschätzt. Das Unternehmen stellt mit neuen Technologien die Plattform für die Genforschung zur Verfügung. Die am meisten fortgeschrittene Plattform ist der GeneChip. Mit diesem Biochip können zuverlässige, reproduzierbare genetische Analysedaten jederzeit zur Verfügung gestellt werden, wenn sie benötigt werden. So werden die Analysezeiten durch automatisch ablaufende Routine-Prozeduren erheblich reduziert und die Produktivität gesteigert.

Biochips werden bei den künftigen Forschungen der Biotech-Unternehmen eine zunehmende Rolle spielen, wenn das menschliche Genom vollständig entschlüsselt ist. Durch diese Entschlüsselung wird Affymetrix einen kräftigen Impuls erhalten. Die Technologie von Affymetrix ist ein wichtiges Instrument, um aus den Informationen, die das menschliche Genom zur Verfügung stellt, Medikamente und Präparate, die Krankheiten verhindern, zu entwickeln. Affymetrix gehört zu den Unternehmen, die die Schlüsseltechnologie für die weitere Genforschung zur Verfügung stellen.

Das Unternehmen beteiligte sich im Sommer 2000 an einem Joint Venture mit großen Pharma-Firmen (zum Beispiel Merck & Co) und Forschungsinstituten (National Institutes of Health) zur Erforschung des Genoms der Maus. Die DNA-Sequenz der Maus ist ein wichtiges Werkzeug, um das menschliche Genom weiter zu erforschen.

Affymetrix hat eine bewegte Kursentwicklung hinter sich. Von rund 50 Dollar im Herbst 1999 kletterte der Kurs der Aktie bis auf über 150 Dollar und fiel anschließend wieder auf 50 Dollar zurück. Mit ausschlaggebend dafür war ein verlorener Patentstreit, der aber nach Angaben der Firmenleitung das Unternehmen nicht in der täglichen Arbeit trifft. Doch solche verlorenen Prozesse haben bei den volatilen Biotech-Werten starke Auswirkungen auf die Kursentwicklung.

Die finanzielle Basis, um die Marktführerschaft nicht nur zu behaupten, sondern auszubauen, ist vorhanden. Das Unternehmen hat flüssige Mittel von 420 Millionen Dollar. Im Jahr 2001 will das Unternehmen erstmals auch Gewinne erzielen.

CHANCEN 	RISIKEN 
Liefert Schlüsseltechnolgoie für die Biotechnologie	Abhängigkeit von den Kunden, da keine eigenen Produkte entwickelt werden
Joint Ventures mit großen Pharmafirmen und Forschungsinstituten	Hoher Aufwand notwendig, um den Vorsprung gegenüber der Konkurrenz zu halten
Beherrschende Marktstellung, die ausgebaut werden soll	
Genom-Entschlüsselung bringt zusätzliche Kunden	Technologische Risiken durch die Erfindung neuer, besserer Plattformen
Kritische Masse ist vorhanden und wird weiter zunehmen	Wenige Broker verfolgen die Aktie, keine Gewinnschätzungen erhältlich
Hohe Liquidität	

Alexion Pharmaceuticals, Inc.

Tätigkeit:	Entwicklung monoklonaler Antikörper
WKN:	899527
Börsen-Kürzel:	ALXN
Gründungsjahr:	1992
Adresse:	25 Science Park
	New Haven, CT 06511, USA
Telefon:	(001) 20 37 76-17 90
Fax:	(001) 20 37 76 36 55
Internet:	http://www.alexionpharm.com
Börsennotiz:	Nasdaq
Höchstkurs:	119,875 US-$
Tiefstkurs:	13,375 US-$

	2000	2001	2002
Ergebnis je Aktie (US-$)	– 0,34	– 1,825	– 1,945
Umsatz (Mio. US-$)	k. A.	k. A.	k. A.

Alexion ist auf zwei Gebieten tätig und erfolgreich. Das Unternehmen entwickelt Medikamente, mit denen rheumatoide Arthritis bekämpft werden kann. Diese Krankheit, die nicht nur die Gelenke, sondern auch Organe befallen kann, gehört zu den schmerzhaften und entzündlichen Autoimmun-Erkrankungen. Alexion hat mit dem Präparat 5G1.1 einen monoklonalen Antikörper gefunden, der das Komplementsystem, das bei Entzündungen eine Rolle spielt, teilweise blockiert und damit den Entzündungsvorgang letztlich hemmt. Nach einer erfolgreichen Phase-I-Studie hat im Herbst 2000 eine Phase-II-Studie begonnen.

Es gibt auch Hinweise, dass das Mittel gegen die Psoriasis wirkt, eine Hauterkrankung, die mit eine starker Schuppenbildung verbunden ist und gegen die es bis heute keine wirkliche Heilmethode gibt. Drei Millionen Amerikaner sind allein von dieser Krankheit betroffen. Das Mittel könnte auch gegen eine bestimmte Form des Nierenversagens eingesetzt werden; dies wird derzeit in einer Phase-II-Studie geprüft. Das Produkt erhielt den »fast track status«, das heißt, wegen der Bedeutung der Indikation wird die FDA das Genehmigungsverfahren beschleunigt bearbeiten.

Entzündungen können auch bei Bypass-Operationen eine fatale Wirkung haben. Das am weitesten fortgeschrittene Produkt 5G.1-SC wird derzeit auf seine entzündungshemmende Wirkung speziell bei Bypass-Operationen überprüft. Diese Studie wird gemeinsam mit Procter & Gamble durchgeführt. Das Marktvolumen für dieses Produkt wird auf mehrere 100 Millionen Dollar geschätzt. Zwei weitere klinische Studien zur Behandlung von Herzinfarkten mit diesem Mittel wurden begonnen.

Außerdem befinden sich die Medikamente Apogen und UniGrafim im vorklinischen Versuchsstadium. Apogen, als MP4 bekannt, soll gegen Multiple Sklerose eingesetzt werden. UniGraft-PD und UniGraft-SCI sind Mittel gegen die parkinsonsche Krankheit.

CHANCEN ●●○○○	RISIKEN ●●●○○
• Zwei Produkte im Phase-II-Stadium	• Hohe Umsatzbewertung
• Gewinnschwelle könnte bald erreicht werden	• Bereits stark im Kurs gestiegen
• Hohe Kassenreserve von 11,5 Millionen US-Dollar	• Firma verfügt noch nicht über ein marktreifes Produkt
• Monoklonale Antikörper gelten als attraktives Beschäftigungsgebiet	• Hohe Forschungsaufwendungen
• Zusätzliche Einnahmen durch Beteiligung von Procter & Gamble an Studien	

Alkermes, Inc.

Tätigkeit:	Verabreichungssysteme
WKN:	882907
Börsen-Kürzel:	ALKS
Gründungsjahr:	1987
Adresse:	64 Sidney Street
	Cambridge, Massachusetts 02139, USA
Telefon:	(0 01) 61 74 94-01 71
Fax:	(0 01) 61 74 94-92 63
Internet:	http://www.alkermes.com
Börsennotiz:	Nasdaq
Höchstkurs:	98,5 US-$
Tiefstkurs:	19,625 US-$

	2001 (März)	2002	2003
Ergebnis je Aktie (US-$)	– 0,883	– 0,51	0,08
Umsatz (Mio. US-$)	68,04	k. A.	k. A.

Alkermes ist eines der führenden Unternehmen auf dem Gebiet der Drug-Delivery-Technologie (Verabreichung von Arzneimitteln). Zu unterscheiden sind drei Tätigkeitsgebiete:

Erstens die kontrollierte und verzögerte Freisetzung von injizierbaren Medikamenten (Produktbezeichnungen ProLease und Medisorb). Die Alkermes-Technologie führt dazu, dass Arzneimittel länger im Körper bleiben und nicht so oft verabreicht werden müssen. Der Patient muss nicht so oft die unangenehme Prozedur einer Injektion über sich ergehen lassen, und die Dosis kann geringer gewählt werden, was vor allem bei sehr teuren Präparaten kostenmäßig stark ins Gewicht fällt. Medisorb ist in Phase III.

Weiterhin wird an einer Verabreichung über die Lunge (Produktbezeichnung AIR) gearbeitet. Dieser Form der Darreichung wird von Fachleuten große Zukunftschancen eingeräumt. Sie ist besonders vorteilhaft bei der systematischen Verabreichung von kleinen Molekülen, Proteinen und Peptiden. Die Einnahme ist für den Patienten nicht nur sehr bequem und kostengünstig, sondern erlaubt auch eine hohe Dosierung. Das Produkt ist in der Erprobung.

Drittens wird die orale Einnahme weiterentwickelt (Produktbezeichnung Dose Sipping Technology und RingCap). Mit Nutropin hat das Unternehmen im Sommer 2000 erstmals ein Präparat aus der eigenen Forschung auf den Markt gebracht: eine Retard-Formulierung eines gentechnisch hergestellten humanen Wachstumshormons. Dafür erhielt das Unternehmen eine Milestone-Zahlung, die dem Unternehmen einen Gewinnausweis ermöglichte.

Außerdem arbeitet Alkermes an einer Technologie zur Überwindung der Blut-Hirn-Schranke (CEREPORT). Das Produkt befindet sich in Phase II.

Vor allem die Verabreichung über die Lunge verspricht ein großes Umsatzpotenzial. Freisetzungssysteme dürften 2000 weltweit einen Umsatz von 40 Milliarden Dollar erreicht haben und die jährliche Wachstumsrate wird auf 15 bis 20 Prozent geschätzt.

CHANCEN 	RISIKEN 
• Effizientere Verabreichung von Arzneimitteln ist ein Wachstumsmarkt, weil der Patient weniger Unannehmlichkeiten auf sich nehmen muss und Kosten gespart werden • Unternehmen verfügt über Technologieführerschaft auf seinem Gebiet • Milestone-Zahlungen von Genentech verbesserten den Cashflow	• Mit Inhale Therapeutics und Aradigm gibt es starke Konkurrenten auf dem Markt mit einem Phase-III-Projekt • Wenig diversifiziertes Produkt-Programm • Erst 2003 werden die ersten Gewinne erwartet

Amgen

Tätigkeit:	Medikamentenforschung und -entwicklung
WKN:	867900
Börsen-Kürzel:	AMGN
Gründungsjahr:	1980
Adresse:	Amgen Center
	Thousand Oaks, CA 91320-1799, USA
Telefon:	(0 01) 80 54 47-10 00
Fax:	(0 01) 80 54 47-10 10
Internet:	http://www.amgen.com
Börsennotiz:	Nasdaq
Höchstkurs:	80,435 US-$
Tiefstkurs:	42,625 US-$

	2000	2001	2002
Ergebnis je Aktie (US-$)	1,085	1,304	1,59
Umsatz (Mio. US-$)	3 690	4 540	5 530

Amgen ist eines der ältesten und mit einer Marktkapitalisierung von mehr als 60 Milliarden Dollar eines der größten Biotech-Unternehmen der Welt. Seine beiden Hauptprodukte sind Epogen für die Behandlung von Nierenversagen und Neupogen zur Stärkung des Immunsystems bei Chemotherapie. Neupogen zählt zu den Blockbustern und dürfte 2001 mehr als 1,4 Milliarden Dollar Umsatz weltweit erzielen. Die Umsätze von Epogen dürften 2001 sogar 2,33 Milliarden Dollar betragen. Es mehren sich unter Analysten die Stimmen, die sagen, dass beide Blockbuster zu reifen Produkten werden, deren Wachstumspotenzial nur noch sehr begrenzt ist. Für die nächsten Jahre wird das Zuwachspotenzial für diese beiden Mittel nur noch auf 13 bis 14 Prozent geschätzt.

Im Sommer 2000 erhielt das Unternehmen die Zulassung von Neupogen SingleJect, einer vorgefüllten Spritze mit konzentriertem Neupogen. Davon verspricht sich Amgen einen weiteren Umsatzanstieg, da rund 30 Prozent der Patienten bisher am Wochenende keine Spritze bekamen und deshalb nicht die notwendige Dosis erhielten.

Amgen braucht dringend neue Produkte. In der Pipeline befinden sich mit dem Krebsmittel NESP, Abelix Depot (Prostata-Krebs) und dem lang wirkenden Enupogen einige interessante Mittel. Analysten erwarten, dass Amgen in den Jahren 2001 und 2002 einen neuen Produktzyklus eröffnen wird. Die hohe Bewertung des Unternehmens lässt sich nur rechtfertigen, wenn neue Produkte auf den Markt kommen, die so erfolgreich wie Neupogen und Epogen sind. Im dritten Quartal 2000 waren die Umsätze mit Neupogen geringer als erwartet. Dies wurde aber auf Sondereinflüsse zurückgeführt, die die Gewinnschätzungen der Brokerhäuser auch nicht beeinflussten.

Allerdings zeigen die Bewertungziffern, dass Amgen weit über dem Marktniveau bewertet wird. Die PEG-Ratio beträgt für Amgen 2,3 – für den Durchschnitt der Biotechbranche 1,7, für die größeren Pharmaunternehmen 1,7. Je mehr Produkte Amgen auf den Markt bringt und je stärker Amgen wächst, umso mehr mutiert das Unternehmen von einem Biotech-Unternehmen zu einem Pharma-Unternehmen. Das kann auf Dauer nicht ohne Einfluss auf die Bewertung bleiben.

Als große Belastung für das Unternehmen gilt der Patentstreit mit Transkaryotic/Aventis. Dieser kann, wenn er bis zur höchsten Instanz geht – was viele Experten annehmen – noch einige Jahre dauern. Es geht um die Frage, ob Amgen die Gesamtrechte an Epogen hat oder nur das Patent auf eine Form der Herstellung von Epogen.

CHANCEN 	RISIKEN 
Ein etabliertes Unternehmen der Biotech-Branche mit solider Basis	Die Aktie wird hoch bewertet
Aus hohen Gewinnen lassen sich hohe Forschungsaufwendungen finanzieren	Neue Produkte haben noch nicht alle Phasen der Erprobung durchlaufen
Seit Jahren zweistellige Gewinnzuwächse	Ob die alten Blockbuster ersetzt werden können, ist fraglich
Attraktive Produkte in der Pipeline	Die Blockbuster Epogen und Neupogen kommen in die Jahre

Ares-Serono

Tätigkeit:	Vollintegrierter Bio-Pharmakonzern
WKN:	873438
Börsen-Kürzel:	SEO
Gründungsjahr:	k. A.
Adresse:	Laboratoires Serono
	Steinhauserstraße 70
	6305 Zug; Schweiz
Telefon:	(00 41) 4 17 48 00 60
Fax:	(00 41) 4 17 48 00 70
Internet:	http://www.serono.com
Börsennotiz:	Zürich
Höchstkurs:	1605 sfr
Tiefstkurs:	803 sfr

	2000	2001	2002
Ergebnis je Aktie (sfr)	k. A.	k. A.	k. A.
Umsatz (Mio. sfr)	k. A.	k. A.	k. A.

Ares-Serono ist ein voll integrierter, weltweit tätiger Konzern, der verschreibungspflichtige Biopharmazeutika entwickelt und vermarktet. Hauptbetätigungsgebiet ist die Behandlung von Fruchtbarkeits- und Wachstumsstörungen, Gewichtsproblemen, Multipler Sklerose sowie Immunologie und Onkologie.

Neben 18 Medikamenten, die sich in den klinischen Erprobungsphasen I, II und III befinden, hat das Unternehmen eine Reihe von Produkten auf dem Markt. Im Sektor Ovulationsstörungen, Unfruchtbarkeit und Stimulaton multipler Follikel hat das Unternehmen sieben Produkte auf dem Markt: Gonal-F, Metrodin HP, Pergonal, Profasi, Serophene, Serocryptin und Relisorm.

Ares-Serono hat mit Rebif das einzige Interferon-beta-Produkt in einer Ready-to-use-Formulierung auf dem Markt. Zur Behandlung von

Gewichtsverlust, der durch eine Aids-Erkrankung verursacht wird, hat die Firma Serostin auf den Markt gebracht. Mit EasyJect, einem Multidosen-Autoinjektor, wird den Betroffenen die Injektion erleichtert.

Im Bereich der Wachstumshormone und Stoffwechsel-Erkrankungen hat Serono bereits 1989 das Medikament Saizen auf den Markt gebracht. Hier handelt es sich um das erste rekombinante Produkt aus dem Schweizer Haus. Es ist mittlerweile in fast 70 Ländern für die Behandlung von Wachstumshormondefiziten bei Kindern und für das Turner-Syndrom zugelassen.

Mit Geref hat der Schweizer Hersteller ein Mittel in der Produktpalette, das einen neuen Therapieansatz für die Behandlung eines idiopathischen Wachstumdefizits bietet. Dagegen ist Geref Diagnostic ein Mittel, das einen Wachstumshormon-freisetzenden Faktor enthält. Dieses Mittel muss intravenös verabreicht werden und regt die Sekretion von Wachstumshormonen an.

In der klinischen Erprobung befinden sich rekombinante Mittel zur Bekämpfung der Unfruchtbarkeit bei der Frau, für Brustkrebs und für Gewichtsverlust bei Krebserkrankungen. Außerdem wird Rebif für zusätzliche Indikationen erprobt, etwa für die Frühphasenbehandlung bei Multipler Sklerose, Hepatitis C, bestimmten Lungenkarzinomen und rheumatoider Arthritis.

CHANCEN 	RISIKEN 
• Das Unternehmen hat eine sehr umfangreiche Produktpalette von Medikamenten, die bereits am Markt eingeführt sind • Das weltweit operierende Unternehmen ist von Wechselkursveränderungen kaum betroffen • Die Produktpipeline ist umfangreich und attraktiv	• Der Kurs ist in den letzten Monaten sehr stark angestiegen • Bei der großen Vielfalt der Produkte bringen neue Nachrichten über Erfolge in Phase III Kursgewinne • Die Fantasie ist bei diesem Titel nicht sehr groß

Aviron

Tätigkeit:	Entwicklung von Impfstoffen
WKN:	905806
Börsen-Kürzel:	AVIR
Gründungsjahr:	k. A.
Adresse:	297 North Bernado Avenue
	Mountain View, CA 94043 – 5205, USA
Telefon:	(0 01) 6 50-9 19-65 00
Fax:	(0 01) 6 50-9 19-66 10
Internet:	http://www.aviron.com
Börsennotiz:	Nasdaq
Höchstkurs:	70,609 US-$
Tiefstkurs:	14,813 US-$

	2000	2001	2002
Ergebnis je Aktie (US-$)	– 4,27	– 0,498	0,98
Umsatz (Mio. US-$)	15,1	121,0	k. A.

Aviron entwickelt Medikamente und Impfstoffe, die der Prävention von Krankheiten dienen. Das Unternehmen verbindet in der Produktion die klassische Lebend-Virus-Technologie mit biotechnischen Methoden. In der klinischen Erprobung befinden sich drei Wirkstoffe, einer steht unmittelbar vor Beginn der klinischen Untersuchungen.

Das Hauptprodukt und aussichtsreichste Medikament ist FluMist, ein Grippe-Impfstoff, dem Analysten längerfristig ein Marktpotenzial von 2,5 Milliarden Dollar zutrauen. Der besondere Vorteil von FluMist: Es handelt sich um ein Nasenspray, das schmerzfrei verabreicht werden kann. Bislang gibt es es keinen Grippeimpfstoff auf Lebend-Virus-Basis von so großer Wirksamkeit. Aber der Produktionsprozess erfordert besondere Auflagen durch die FDA, die das Unternehmen bislang nicht erfüllen konnte. Offenbar hat Aviron diese Probleme aber nunmehr gelöst. Im Oktober 2000 hat das Unternehmen durch Verkauf von

Aktien weitere Mittel aufgenommen, um die Zulassung und die Vermarktung zu finanzieren. Die britische Tochter Aviron UK Ltd. hat im Oktober 2000 ein Grundstück von Celltech Group für 25 Jahre angemietet, um dort eine neue Produktionsstätte für FluMist zu errichten.

Der Verkauf von Aktien und andere Finanztransaktionen deuten aber darauf hin, dass die Finanzierung noch nicht in vollem Umfang gesichert ist. Aviron gilt deshalb auch als ein potenzieller Übernahmekandidat. Interesse wird Wyeth Ayerst nachgesagt, dem weltweiten Vermarktungspartner von Aviron für FluMist. Aber auch Biotech Target, der größte Aktionär bei Aviron, der unlängst weitere Aktien übernommen hat, wird als Interessent gehandelt.

Die Zulassung des Anti-Grippe-Sprays wurde für das vierte Quartal 2000 erwartet. In der Produktpipeline befinden sich insgesamt fünf Impfstoffe, davon zwei Sprays. Das nach FluMist interessanteste Medikament dürfte PIV-3 sein, ein Mittel gegen Keuchhusten, das ebenfalls nasal verabreicht werden kann. Außerdem wird an einem Medikament gegen Herpes gearbeitet.

CHANCEN 	RISIKEN 
• Mit dem Spray-Impfstoff gegen Grippe hat Aviron ein sehr interessantes Produkt, das kurz vor der Markteinführung steht • Weitere attraktive Medikamente in der Pipeline • Bereits 2003 ist ein Gewinn je Aktie von 2,55 Dollar zu erwarten, wenn FluMist planmäßig anläuft • Übernahmen bedeuten schnellen Kursanstieg • Mit einem potenten Großaktionär lassen sich die Unternehmensziele schneller verwirklichen	• Bislang basieren alle Erwartungen auf einem Produkt • In der Vergangenheit hat sich die Zulassung und Vermarktung schon einige Male verzögert • Die Finanzierung bereitet dem Unternehmen offenbar einige Probleme

Bavarian Nordic

Tätigkeit:	Entwicklung von Impfstoffen
WKN:	917165
Börsen-Kürzel:	BAVA
Gründungsjahr:	1994
Adresse:	Vesterbrogade 149
	DK 1620 Copenhagen, Dänemark
Telefon:	(00 45) 33 26 83 83
Fax:	(00 45) 33 26 83 80
Internet:	http://www.bavarian-nordic.com
Börsennotiz:	Kopenhagen
Höchstkurs:	310 DKK
Tiefstkurs:	150 DKK

	2000	2001	2002
Ergebnis je Aktie (DKK)	–21,5	–13,3	–34,1
Umsatz (Mio. DKK)	15	45	k. A.

Bavarian Nordic wurde 1994 als ein Arm der Neuro Research gegründet und ging 1998 an die Börse. Das Unternehmen hat sich derzeit vor allem auf zwei Arbeitsgebiete spezialisiert: Herstellung von Pockenviren für die Impfung und Retroviren für die Gentherapie. Außerdem hat das Unternehmen eine neue Kapseltechnologie entwickelt, die es ermöglicht, die Wirkstoff produzierenden Zellen mithilfe von Zellulosesulfatkapseln direkt in das zu behandelnde Gewebe zu transportieren.

Bavarian Nordic hat sich besonders auf einige Indikationsgebiete konzentriert, obwohl die Technologie grundsätzlich auf allen therapeutischen Gebieten angewendet werden könnte. Hier handelt es sich um Bauchspeicheldrüsenkrebs (Phase I/II), HIV-Infektion (präklinische Phase) und Brustkrebs (präklinische Phase).

Bavarian Nordic beschränkt sich darauf, die Medikamente bis zur klinischen Phase III zu entwickeln, um dann die Lizenz zur Weiterentwicklung und Vermarktung an Partnerunternehmen zu verkaufen. Das am weitesten fortgeschrittene Produkt ist das Medikament gegen Bauchspeicheldrüsenkrebs. Dabei wird die Kapseltechnologie angewendet. Ein Enzym aus der Cytochrome-Familie P450 (CyP 450) wandelt das nicht-toxische Mittel Ifosfamid in einen toxischen, den Krebs bekämpfenden Wirkstoff um. Die Zellen, die CyP 450 herstellen, werden eingekapselt und mit einem Katheter direkt in die Blutgefäße eingebracht, die die Krebsgeschwulst versorgen. Erhält der Patient dann Ifosfamid, produziert das Enzym in den verkapselten Zellen den krebshemmenden Wirkstoff in hochkonzentrierter Form.

Im Herbst 2000 konnte das Unternehmen eine Kooperation und eine Lizenzvereinbarung mit Statens Serum Institut über einen gentechnisch herzustellenden Impfstoff gegen HIV bekannt geben.

Die Aktie wird auch im Berliner Freiverkehr notiert.

C H A N C E N 	R I S I K E N 
• Die Ziele, die sich das Unternehmen selbst setzte, wurden bislang immer planmäßig erreicht	• Bis zur Zulassung des ersten Produkts zur Vermarktung bleibt die Aktie spekulativ
• Zusammenarbeit mit Statens Serum Institut sorgt für weitere Fantasie	• Weitere Finanzierungsmaßnahmen erscheinen bei einer Cash-Burn-Rate von 11 Millionen Euro notwendig
• Die Firma hat ein Phase-III-Produkt und zwei Phase-II-Produkte in der Pipeline	
• Die Aktie wird von zahlreichen Analysten verfolgt	

BB Biotech

Tätigkeit:	Beteiligungsgesellschaft für Biotech-Unternehmen
WKN:	910468
Börsen-Kürzel:	BBZD
Gründungsjahr:	1993
Adresse:	Bellevue Asset Management AG, Grafenauweg 4, CH-6301 Zug, Schweiz
Telefon:	(00 41) 41-7 24-59 59
Fax:	(00 41) 41-7 24-59 58
Internet:	http://www.bellevue.ch
Börsennotiz:	Frankfurt
Höchstkurs:	1530 Euro
Tiefstkurs:	558 Euro

	2000	2001	2002
Ergebnis je Aktie (Euro)	k. A.	k. A.	k. A.
Umsatz (Mio. Euro)	k. A.	k. A.	k. A.

BB Biotech ist kein selbstständiges Biotech-Unternehmen, das nach Wirkstoffen sucht, sondern eine Beteiligungsgesellschaft für Biotech-Firmen. Die BB Biotech-Aktie selbst wird an der Börse notiert. Es handelt sich indes nicht um einen Fonds, sondern um eine Gesellschaft, die auch selbst Einfluss auf die Beteiligungsgesellschaften nehmen will.

BB Biotech beteiligt sich überwiegend an börsennotierten Gesellschaften, nur in Ausnahmefällen erwirbt die Gesellschaft auch Anteile von nicht börsennotierten Firmen. Das Unternehmen hält Beteiligungen von mehr als 30 Biotech-Firmen, dabei gehen die Beteiligungen oft auch weit über das Limit hinaus, das einem Fonds gesetzt ist (fünf Prozent des Vermögens). Derzeit ist BB Biotech mit 18,3 Prozent an Virologic, zu 12,9 Prozent an Aviron, zu 12,8 Prozent an Alexion, zu 12,4 Prozent an Transkaryotic Therapies (TKT) und zu 11,6 Prozent an CV Therapeutics beteiligt. BB Biotech zählt heute weltweit zu den fünf größten Anlegern in der Biotech-Branche. Der größte Teil der Engagements liegt in den USA.

Die Aktie wird an verschiedenen Börsenplätzen notiert, unter anderem auch am Neuen Markt. Darüber hinaus wird börsentäglich der innere Wert der Aktie errechnet, der sich aus den aktuellen Börsenkursen der Beteiligungen errechnet. Dadurch kann es passieren, dass der Börsenkurs, der sich aus der Angebots-Nachfrage-Relation an der Börse ergibt, über dem inneren Wert notiert, aber es kann auch vorkommen, dass der Netto-Inventarwert unter dem Börsenkurs liegt. Bei BB Biotech war es in der Vergangenheit immer so, dass der Börsenkurs über dem inneren Wert lag. Darin kommt das besondere Vertrauen der Börse in das Management von BB Biotech zum Ausdruck. In der Tat hat das Research- und Management-Team bei der Auswahl der Beteiligungen eine sehr glückliche Hand gezeigt. Investoren sollten aber berücksichtigen, dass sie die verschiedenen Titel, die im Portefeuille des Unternehmens vertreten sind, über die BB Biotech-Aktie teurer erwerben als bei einem direkten Kauf dieser Titel an der Börse.

CHANCEN 	RISIKEN 
Ausgezeichnetes Management hat seine Fähigkeit im Stock-Picking in der Vergangenheit bewiesen	Aufpreis gegenüber dem inneren Wert (weniger als 1 Prozent)
Schwerpunkt der Beteiligungen liegt bei den Herstellern neuer Heilmittel	Konzentration der Beteiligungen erhöht Chancen, aber auch Risiken
Einige der großen Beteiligungen haben bereits Produkte auf dem Markt, die zu großen Hoffnungen Anlass geben	
Streuung der Risiken auf mehr als 30 Beteiligungen im Biotech-Bereich	
Zuweilen steigt der Börsenkurs über den inneren Wert (zusätzliche Kurschancen)	

Biogen

Tätigkeit:	Entwicklung von Medikamenten auf biotechnischer Basis
WKN:	866822
Börsen-Kürzel:	BGEN
Gründungsjahr:	1978
Adresse:	Fourteen Cambridge Center Cambridge MA 02142, USA
Telefon:	(001) 61 76 79 28 12
Fax:	(001) 61 76 79 26 17
Internet:	http://www.biogen.com
Börsennotiz:	Nasdaq
Höchstkurs:	129 US-$
Tiefstkurs:	47,125 US-$

	2000	2001	2002
Ergebnis je Aktie (US-$)	1,74	1,93	2,25
Umsatz (Mio. US-$)	953	1082	1242

Biogen ist die älteste Biotech-Firma der Welt, gehört zu den führenden US-Biotech-Unternehmen und wurde im Januar 2000 in den renommierten Aktienindex Standard&Poor's 500 aufgenommen. Das Unternehmen beschäftigt sich mit der Entwicklung von Heilmitteln gegen Krebs, Atembeschwerden und Entzündungen. Das bei weitem wichtigste Medikament ist Avonex gegen Multiple Sklerose, das in den vergangenen beiden Jahren Absatzzuwachsraten von über 40 und fast 50 Prozent erreicht hat. Allerdings ist Avonex derzeit das einzige am Markt befindliche Produkt von Biogen. Die Wachtumsaussichten werden aber weiter als sehr hoch eingeschätzt, wie die Marktdurchdringung von erst 50 Prozent in den USA zeigt.

Biogen ist dabei, die Marktchancen von Avonex weiter zu erhöhen. Eine Studie soll klären, ob die Verabreichung im Frühstadium von MS die Wirksamkeit noch erhöhen könnte. Mit der Firma Inhale wird derzeit eine inhalierbare Version des MS-Mittels entwickelt.

In Phase II befindet sich Antegren, ebenfalls ein Mittel gegen MS und die Crohn-Krankheit, das zusammen mit der Firma Elan entwickelt wird. Dieser Wirkstoff ist nach Analystenmeinung aber nicht geeignet, das Problem zu lösen, dass Biogen einen weiteren Umsatzrenner finden muss. In der klinischen Erprobung ist bereits Mevice, ein Mittel gegen mittlere bis starke Psoriasis. Das Projekt des Adenosine-A1-Antagonisten Adentri (lizenziert von CV Therapeutics) soll wiederbelebt werden. Der Wirkstoff gegen Herzversagen war bereits in der Phase II, die Zusammensetzung des Wirkstoffs musste aber überarbeitet werden. Analysten schätzen, dass das Mittel, das frühestens 2004 auf den Markt kommen kann, ein Potenzial von 500 Millionen Dollar Umsatz hat.

Insgesamt dürfte Biogen im Jahr 2001 sechs oder sieben Wirkstoffe in der klinischen Erprobung haben, davon eins in der Phase III, aber an der Börse zeigt man sich etwas besorgt, dass noch kein wirklicher potenzieller Absatzrenner zu erkennen ist.

CHANCEN 	RISIKEN 
• Avonex erreicht zweistellige Zuwachsraten, hat aber seinen Zenit noch nicht erreicht • Große Forschungsanstrengungen, um die Produktpalette zu vergrößern • Sechs bis sieben Wirkstoffe haben Aussichten, an den Markt zu kommen • Große Finanzkraft ermöglicht Biogen, Fehlschläge zu überwinden • Verbot eines ausländischen Konkurrenzmittels zu Avonex schützt den US-Markt von Biogen • Vielzahl von Analysten verfolgt die Aktie, gesicherte Gewinnschätzungen	• Das Unternehmen hat bisher nur einen wirklichen Umsatzrenner • Die Volatilität der Aktie ist größer als bei anderen Biotech-Werten • Noch ist kein Produkt in Sicht, das Avonex einmal ablösen könnte • Es ist unsicher, ob der heimische Markt immer geschützt bleibt

Celera Genomics Corporation

Tätigkeit:	Genomik
WKN:	920954
Börsen-Kürzel:	CRA
Gründungsjahr:	1998
Adresse:	45 West Gude Drive
	Rockville MD 20850, USA
Telefon:	(0 01) 2 40-4 53-30 00
Fax:	(0 01) 2 40-4 53-40 00
Internet:	http://www.celera.com
Börsennotiz:	NYSE
Höchstkurs:	276 US-$
Tiefstkurs:	20,938 US-$

	2000	2001	2002
Ergebnis je Aktie (US-$)	k. A.	− 2,317	− 1,692
Umsatz (Mio. US-$)	k. A.	k. A.	k. A.

Celera wurde weltbekannt, als die Gesellschaft zusammen mit dem öffentlich finanzierten Humangenom-Projekt der US-Regierung (Human Genome Projekt oder HGP) bekannt gab, dass die Entschlüsselung des menschlichen Erbgutes gelungen sei. Drei Milliarden Zeichen wurden entschlüsselt, ursprünglich sollte diese Mammutaufgabe erst 2005 durch HPG bewältigt sein. Durch das Auftreten von Celera und seinen umtriebigen Chef Craig Venter gelang es jedoch schon im Sommer 2000.

Die Entschlüsselung des menschlichen Erbgutes ist ein riesiger Schritt für die Biotechnologie und eine wichtige Voraussetzung für weitere Forschungen. Aber mit der Sequenzierung des menschlichen Erbgutes allein ist noch nicht viel gewonnen. Es geht darum, diese Erkenntnisse für die gezielte Suche nach neuen Wirkstoffen und Medikamenten umzusetzen.

Die Frage ist, ob das menschliche Erbgut ein Allgemeingut ist oder als Patent eines Unternehmens anerkannt wird. Die menschliche Erbinformation muss allen zugänglich sein. Das heißt also: Kann Celera aus seiner Entdeckung Geld machen? Eine Möglichkeit, über die die Analysten spekulieren, besteht darin, dass Celera seine Kenntnisse zum Aufbau einer Datenbank nutzt, in der zusätzliche Informationen zur Verfügung gestellt werden. Es ist vorstellbar, dass Pharma-Konzerne bei der Mittelforschung lediglich auf eine bestimmte Buchstabenfolge des menschlichen Erbgutes zugreifen und die Datenbank ihnen diesen selektiven Zugriff schnell gewährt. Dafür müssten die Nutzer dann zahlen.

Derzeit betreibt Celera das größte private Computersystem, das über 800 Computersysteme miteinander verbindet. Jedes dieser 800 Systeme kann pro Stunde 250 Milliarden Sequenzanalysen durchführen.

Celera ist eine wichtige Partnerschaft mit Applied Biosystems eingegangen. Das Unternehmen ist führend in der Synthese und Analyse von DNS. Das Unternehmen kann Celera damit wichtige Erkenntnisse über die Bedürfnisse der Pharma- und Biotech-Unternehmen vermitteln.

CHANCEN 	RISIKEN 
● Computerdatenbank ist für gezielte Information der Biotech- und Pharma-Industrie unerlässlich ● Eine Milliarde Dollar liquide bzw. schnell liquidierbar ● Partnerschaften mit wichtigen Institutionen und Gesellschaften entstehen ● Vorstandschef Venter ist eine Führungsperson mit Charisma, wenn auch in der Branche und in der Wissenschaft nicht unumstritten ● Die Genomik gilt als einer der am stärksten wachsenden Zweige der Biotechnik	● Der Kurs ist nach Bekanntwerden der Entschlüsselung des menschlichen Erbgutes bereits stark in die Höhe geschossen ● Das menschliche Erbgut ist Allgemeingut, verdient werden kann nur mit Spezialwissen, das weitere Forschungen notwendig macht ● Konkurrenz durch kostenlose öffentliche und kostenpflichtige private Datenbanken

Celgene Corp.

Tätigkeit:	Entwicklung von Medikamenten gegen Krebs, Autoimmun- und Infektionskrankheiten
WKN:	881244
Börsen-Kürzel:	CELG
Gründungsjahr:	k. A.
Adresse:	7 Powder Horn Drive Warren, New Jersey 07059, USA
Telefon:	(0 01) 73 22 71-10 01
Fax:	k. A.
Internet:	http://www.celgene.com
Börsennotiz:	Nasdaq
Höchstkurs:	76 US-$
Tiefstkurs:	13,797 US-$

	2000	2001	2002
Ergebnis je Aktie (US-$)	0,37	0,94	1,17
Umsatz (Mio. US-$)	k. A.	k. A.	k. A.

Celgene entwickelt oral zu verabreichende Mittel gegen Krebs, Autoimmun- und Infektionskrankheiten. Das erste Produkt, Thalomid, erhielt 1998 die Marktzulassung durch die FDA in den USA für eine entzündliche Form der Lepra. Im ersten halben Jahr 2000 wurden mit dem Medikament Umsätze von über 28 Millionen Dollar erzielt. Das Unternehmen versucht, von der FDA die Zulassung von Thalomid für eine ganze Reihe von Indikationen (verschiedene Krebserkrankungen und Autoimmunkrankheiten) zu erhalten. In der Pipeline befinden sich IMiDs (Immun-Modulatoren) und SelCIDs (selektive Zytokininhibitoren). Mit diesen beiden Mitteln sollen Krebs, chronische Entzündungen und andere Erkrankungen des Immunsystems bekämpft werden. Die beiden Mittel haben nicht die teratogenen Nebenwirkungen wie Thalomid. Beide Mittel befinden sich in der klinischen

Erprobung (Phase II bzw. Phase I/II). Für die Verbindung IMiD besteht ein Kooperationsvertrag für die vorklinische und klinische Entwicklung mit dem National Cancer Institute der USA.

Mit Novartis als Partner arbeitet das Unternehmen an Attenade zur Behandlung von Attention Deficit Disorder/Attention Deficit Hyperactivity Disorder. Der Zulassungsantrag soll noch im Jahr 2000 bei der FDA gestellt werden. Im Herbst 2000 übernahm Celgene die private Biopharma-Gesellschaft Signal Pharmaceuticals. Signal hat Mittel entwickelt, die intrazellulare Regulationsproteine, wie Kinasen und Transkriptionsfaktoren, beeinflussen. Signal hat 24 Moleküle identifiziert, die auf dem Gebiet der Onkologie und Immunologie eine Rolle spielen. Das Forschungsprogramm schließt Rezeptormodulatoren für die Behandlung von Krebs und Osteoporose und Kinase-Inhibitoren für immunologische und onkologische Erkrankungen ein. Durch die Fusion hat Celgene seine Produkt-Pipeline um einige aussichtsreiche Kandidaten und seine technologische Platform erweitert.

CHANCEN ●●○○○	RISIKEN ●●●○○
Zusammenarbeit mit großen Pharma-Konzernen	Positiver Cashflow erst 2004 zu erwarten
Weitere Vertragsabschlüsse und Kooperationen sind zu erwarten	Alle Produkte erst in Phase II
Erweiterung des Produktportfolios	
Mittel gegen Osteoporose in der klinischen Entwicklung	

Cell Therapeutics, Inc.

Tätigkeit:	Krebsforschung und Medikamentenentwicklung
WKN:	906780
Börsen-Kürzel:	CTIC
Gründungsjahr:	k. A.
Adresse:	201 Elliot Ave West, Suite 400
	Seattle, USA
	WA 98119
Telefon:	(0 01) 20 62 82-71 00
Fax:	(0 01) 20 62 84-62 06
Internet:	http://www.cticseattle.com
Börsennotiz:	Nasdaq
Höchstkurs:	77,25 US-$
Tiefstkurs:	2,50 US-$

	2000	2001	2002
Ergebnis je Aktie (US-$)	– 1,74	– 1,1	– 0,53
Umsatz (Mio. US-$)	k. A.	k. A.	23,8

Cell Therapeutics ist in der Krebsforschung tätig und zählt zu den interessantesten Unternehmen dieses Bereiches. Die Firma hat ein neues Verfahren entwickelt, um die Wirksamkeit des Krebsmittels Taxol erheblich zu erhöhen und gleichzeitig dessen Nebenwirkungen zu verringern. Dank der neuen Technologie von Cell Therapeutics wird Taxol von kranken, nicht aber von gesunden Zellen angezogen. Das vermindert Nebenwirkungen.

Im September 2000 erhielt Cell Therapeutics die Zulassung für Trisenox, ein Injektionsmittel gegen Leukämie. In einer Schlüsselstudie hat das Medikament eine erstaunliche Wirksamkeit unter Beweis gestellt. In 70 Prozent der Fälle zeigte sich ein Rückgang der Krankheit, in 58 Prozent der Fälle waren die Patienten Monate nach der Verabreichung frei von Krankheitssymptomen.

Cell Therapeutics, Inc.

Zusammen mit American Home Products hat Celltech Mylotarg entwickelt, ein Mittel gegen die akute myeloische Leukämie. Das Mittel wird allerdings nur bei den Über-60-Jährigen eingesetzt, die nach der Chemotherapie einen Rückschlag erlitten haben.

Das Unternehmen hat eine ganze Reihe potenzieller Anti-Krebsmittel in der Pipeline. Erklärtes Ziel des Managements ist es, das Unternehmen zu einem führenden Hersteller für Krebsmittel auszubauen. Jedes Mittel, das sich in der Erprobung befindet, kann zudem gegen eine Vielzahl von Krebsarten eingesetzt werden. Im Jahr 2000 konnten bereits Umsätze mit Medikamenten erzielt werden. Außer Verkaufserlösen von Heilmitteln erzielt das Unternehmen Lizenzeinnahmen. Zur Firmenstrategie gehört es, auch bei Kooperationen mit anderen Unternehmen auf jeden Fall die Marketingrechte zu behalten. Die in Seattle ansässige Firma hat 125 Mitarbeiter und ist erst im März 1997 an die Börse gegangen. Aufgrund der umfangreichen Produktpipeline und der vielen Anwendungsmöglichkeiten der Produkte werden die Risiken geringer eingeschätzt als bei anderen Biotech-Firmen.

Chancen ●●○○○	Risiken ●●●●○
Unternehmen sieht seine Chancen vor allem in der Krebsforschung	Viele Konkurrenten forschen an Krebsmitteln
Neue Technologie zur Anwendung von Taxol	Grundsätzlich lassen sich Erfolge nicht sicher prognostizieren
Vielzahl eigener Patente	Die meisten Mittel haben die Phase III noch nicht erreicht
Viele Anwendungsmöglichkeiten für jedes Mittel	Noch auf Jahre in den roten Zahlen
Erstes Medikament erhielt die Zulassung	
Eigene Vermarktung der Produkte sichert höhere Margen	

Celltech Group plc

Tätigkeit:	Antikörperforschung und -entwicklung
WKN:	887866
Börsen-Kürzel:	CEH
Gründungsjahr:	1980
Adresse:	216 Bath Road, Slough
	SL 14 EN, Berkshire UK, Großbritannien
Telefon:	(00 44) 17 53 53 46 55
Fax:	(00 44) 17 53 53 66 32
Internet:	http://www.celltech.co.uk
Börsennotiz:	London
Höchstkurs:	32,40 Euro
Tiefstkurs:	6,45 Euro

	2000	2001	2002
Ergebnis je Aktie (GBp)	13,1	20,7	28,8
Umsatz (Mio. GBp)	314	340	379

Celltech zählt zu den Blue-Chip-Unternehmen, allerdings erwirtschaftet die britische Gruppe den Löwenanteil ihres Umsatzes mit Pharma-Produkten. Nach der Fusion mit Medeva (Anfang 2000) dürfte sich dies aber ändern. Mitte 1999 war Celltech bereits eine Fusion mit Chiroscience eingegangen. Durch die Fusionen konnte das Unternehmen seine Produktpipeline erheblich ausweiten. Celltech Chiroscience hat die Zulassung für eine Reihe von monoklonalen Antikörpern für verschiedene Indikationen. Die Produktionsverfahren basieren zu einem großen Teil auf Celltech-Technologien. Zu den Produkten, die auf diesem Produktionsverfahren beruhen, gehören zum Beispiel ReoPro (Centocor, Lilly), Simulect (Novartis), Zenapax (Protein Design, Roche) und Rituxan (Idec, Genentech).

Aufgrund der wachsenden Bedeutung monoklonaler Antikörper bei der Behandlung bisher schwer oder gar nicht therapierbarer Krankheiten wie rheumatoider Arthritis erscheinen die Aussichten günstig, dass das Unternehmen seine Marktstellung auf diesem Gebiet weiter ausbauen kann: Das Unternehmen verfügt über ein Schlüsselpatent für die Herstellung von Antikörpern.

Zudem entwickelt die Gruppe aber auch selbst Antikörper. Zu den wichtigsten Produkten zählt Mylotarg für die myeloische Leukämie, eine besonders aggressive Form des Knochenmarkkrebses. Hier könnte sich ein sehr attraktiver Markt entwickeln, wenn sich das Mittel auch in der Frühphase der Krankheit und für jüngere Personen als wirksam erweisen sollte. Bislang erfolgte in den USA lediglich eine Teilzulassung für die über 60 Jahre alten Patienten.

In Phase II befindet sich ein Antikörper namens Humicade, ein Mittel, das zur Behandlung der Crohn-Krankheit, einer entzündlichen Darmerkrankung, angewendet werden kann. Medeva brachte als Aktivum in das fusionierte Unternehmen Hepagene mit ein, einen Impfstoff für die Behandlung und die Prävention von Hepatitis B. Allerdings ist hier SmithKline Beecham mit einem Konkurrenzprodukt auf dem Markt. Weiter kommt von Medeva das Anästhetikum Chirocaine, das sich gegenüber dem schon länger am Markt befindlichen Bupicavac durch weniger schädliche Nebenwirkungen auszeichnet.

CHANCEN 	RISIKEN 
• Bedeutung monoklonaler Antiköper in der Therapie steigt • Verfügt dank der Fusionen über eine prall gefüllte Produkt-Pipeline • Margenverbesserung durch Stärkung des eigenen Vertriebs • Schlüsseltechnologie bei der Identifizierung von Antikörpern • bedeutende Pharma-Firmen nutzen die Celltech-Technologie • Gut gefüllte Firmenkasse	• Die Fusionen und Übernahmen müssen erst noch »verdaut« werden • Konzentration auf die chancenreichsten Produkte notwendig • Größte Fantasie liegt bei Produkten, die sich noch in den Laboratorien befinden • Aktienkurs ist in den letzten Monaten bereits sehr stark gestiegen

COR Therapeutics, Inc.

Tätigkeit:	Entwicklung von Medikamenten gegen Herz-Kreislauf-Erkankungen
WKN:	883758
Börsen-Kürzel:	CORR
Gründungsjahr:	1988
Adresse:	256 East Grand Avenue South San Francisco, CA 94080, USA
Telefon:	(0 01) 65 02 44 68 00
Fax:	(0 01) 65 02 44 92 08
Internet:	http://www.corr.com
Börsennotiz:	Nasdaq
Höchstkurs:	67,25 US-$
Tiefstkurs:	9,25 US-$

	2000	2001	2002
Ergebnis je Aktie (US-$)	−0,15	0,36	0,60
Umsatz (Mio. US-$)	116	179	239

COR Therapeutics, Inc. ist schwerpunktmäßig auf den Gebieten Forschung und Entwicklung von Präparaten gegen Herz-Kreislauf-Erkrankungen tätig. Der strategische Ansatz der Firma ist: die molekularen und zellularen Vorgänge, die bei der Entwicklung von kardiovasculären Krankheiten eine Rolle spielen, untersuchen und verstehen.

Das Unternehmen, das auch in Frankfurt und Berlin notiert wird, gehört zu den wenigen Branchenvertretern, die bereits ein Produkt auf dem Markt haben. Bereits im Mai 1998 wurde Integrilin, ein synthetisches Peptid gegen Thrombose, zugelassen. Das Mittel wird intravenös verabreicht. Es wurde zusammen mit dem US-Pharma-Unternehmen Schering-Plough entwickelt, das für die Lizenzrechte 20 Millionen Dollar beisteuerte und sich dafür 50 Prozent der künftigen Gewinne sicherte.

Bei Integrilin handelt es sich um einen Hemmstoff der Thrombozyten-Aggregation, der vor allem bei Patienten mit instabiler Angina Pectoris Verwendung findet, um die Bildung von Blutgerinseln zu verhindern. Betroffen von akuten Angina-Pectoris-Anfällen sind allein in den USA jährlich rund eine Million Menschen. Die Strategie des Managements zielt darauf ab, Interilin zum Standard in der Herzinfarkttherapie zu machen.

Außerdem forscht das Unternehmen an einem Blutgerinnsel hemmenden Mittel, das oral appliziert wird (Cromafiban Oral GP IIb/IIIa Inhibitor). In der Produktpipeline befinden sich einige weitere aussichtsreiche Mittel für die Schlaganfallprävention und angeborene Herzfehler.

Schließlich arbeitet die Firma mit CuraGen Corp zusammen, die dabei ist, Genom-Dateien für die Medikamentenentwicklung zu erstellen. Auf diese Weise wird das Unternehmen Zugriff auf eine ganze Palette von Substanzen erhalten, die zu erforschen sind.

Mit einem Jahresumsatz von rund 116 Millionen Dollar im Jahr 2000 hat Integrelin bereits einen Umsatz erreicht, der von Experten erst im Laufe der nächsten Jahre erwartet wurde.

CHANCEN 	RISIKEN 
- Konsequente Ausrichtung auf Zell- und Molekularforschung - Bereits ein Produkt auf dem Markt, das steigende Umsätze generiert - Kooperation mit Schering-Plough vor allem im Vertrieb sehr wertvoll - Umfangreiche und interessante Produktpipeline - Zugriffsmöglichkeit auf Genom-Datenbank - Für nächstes Jahr erster Gewinn je Aktie erwartet	- Erhebliche Kursschwankungen in der Vergangenheit - Brokergewinnschätzungen gehen weit auseinander - Analytische Bewertung aufgrund von Fundamentaldaten nur schwer möglich

Cubist Pharmaceuticals

Tätigkeit:	Entwicklung von Medikamenten gegen bakterielle und Pilzerkrankungen
WKN:	909694
Börsen-Kürzel:	CBST
Gründungsjahr:	1993
Adresse:	24 Emily Street, Cambridge Ma 02139, USA
Telefon:	(0 01) 61 75 76-42 58
Fax:	k. A.
Internet:	http:/www.cubist.com
Börsennotiz:	Nasdaq
Höchstkurs:	71,5 US-$
Tiefstkurs:	7,563 US-$

	2000	2001	2002
Ergebnis je Aktie (US-$)	– 0,20	– 0,23	– 0,12
Umsatz (Mio. US-$)	8,1	12,0	23,8

Cubist Pharmaceuticals hat sich darauf spezialisiert, antimikrobielle Medikamente für ernstlich lebensbedrohende bakterielle und Pilzvergiftungen zu erforschen und zu entwickeln. Vor allem in den USA, aber auch in Europa werden Resistenzen gegen Antibiotika und Pilzerkrankungen zu einem immer drängenderen Problem, insbesondere für die Krankenhäuser in den Innenstädten.

Mit dem Antibiotikum Daptomycin hat Cubist ein Mittel entwickelt, von dem man sich wirksame Hilfe verspricht. Es soll vor allem bei schweren Infektionen in Krankenhäusern eingesetzt werden, insbesondere bei Infektionen mit Antibiotikum-resistenten Bakterien. Die Phase-I-Studien, bei denen 14 Tage lange unterschiedlich starke Dosen verabreicht wurden, belegten eine große Sicherheit und Wirksamkeit.

Bei Haut- und Gewebeinfektionen befindet sich das Medikament in der Phase III, bei der Bakterämie (eine ernste Blutinfektion) in Phase II. Durch die Verabreichung hoher Dosen in Phase I versucht das Unternehmen, die hohe Sicherheit des Präparats nachzuweisen, weil das Mittel auch bei anderen Indikationen getestet werden soll, bei denen höhere Dosen erforderlich sind.

Großes Aufsehen erregte die Gesellschaft, als die enge, zunächst auf drei Jahre angelegte Kooperation mit dem Schweizer Novartis-Konzern verlängert wurde. Im Rahmen dieser Kooperation nutzt Novartis die auf Genomik basierende, von Cubist entwickelte Technologie zur Wirkstoffidentifizierung (Vita) und eine Chemo-Informationstechnologie zur Entwicklung neuer Antibiotika-Verbindungen. Produkte, die Novartis auf diese Weise entwickelt, werden von dem Schweizer Pharmakonzern vermarktet; Cubist wird daran durch Lizenzgebühren beteiligt.

Das Unternehmen ist aber noch weit davon entfernt, Gewinne zu erzielen. Für das Jahr 2000 schwanken die Schätzungen der Analysten zwischen einem Verlust je Aktie von 0,75 bis 1,02 Dollar, für 2001 zwischen einem Minus von 0,09 und 0,96 Dollar.

CHANCEN 	RISIKEN 
Kooperation mit Novartis bietet Cubist gute Chancen	Positiver Cashflow erst 2004 zu erwarten
Das Geschäftsfeld Bekämpfung bakterieller Infektionen ist sehr wichtig und aussichtsreich	
Mit Daptomycin (Wirkstoff Cidecin) hat das Unternehmen ein stark fortgeschrittenes Produkt	
Erweiterung des Produktportfolios	

CV Therapeutics

Tätigkeit:	Entwicklung von Medikamenten gegen Herz-Kreislauf-Erkrankungen
WKN:	912268
Börsen-Kürzel:	CVT
Gründungsjahr:	k. A.
Adresse:	3172 Porter Drive Palo Alto, CA 94304, USA
Telefon:	(0 01) 65 08 12-05 85
Fax:	(0 01) 65 08 58-03 90
Internet:	http://www.cvt.com
Börsennotiz:	Nasdaq
Höchstkurs:	12,063 US-$
Tiefstkurs:	9 US-$

	2000	2001	2002
Ergebnis je Aktie (US-$)	– 1,82	– 2,292	– 1,975
Umsatz (Mio. US-$)	k. A.	k. A.	k. A.

CV Therapeutics gilt als Pionier auf einem neuen biomedizinischen Gebiet, der molekularen Kardiologie, die die Molekular-Biologie und Gentechnologie anwendet, um neue Mechanismen von Herz-Kreislauf-Erkrankungen zu identifizieren und darzustellen sowie neue Medikamente zu entwickeln.

Das Unternehmen hat bereits mehrere Medikamente entwickelt, die sich zum Teil in fortgeschrittenen klinischen Erprobungsstadien befinden. Das aussichtsreichste Präparat scheint Ranolazin zu sein, ein Mittel zur Behandlung der Angina Pectoris, das sich in Phase III der klinischen Untersuchung befindet. Eine erste Phase-III-Untersuchung wurde bereits mit Erfolg beendet. Noch im Jahr 2000 soll der Zulassungsantrag bei der FDA für dieses Medikament gestellt werden. Es handelt sich hier um eine ganz neue Klasse von Medikamenten für die Behandlung von

Angina Pectoris, den so genannten pFOX Inhibitoren. Vermarktet werden soll das Mittel zusammen mit Innovex. Für den Vermarktungsvertrag wurden beide Unternehmen mit dem Breakthrough Alliance Award des Jahres 1999 ausgezeichnet.

Im Mai 2000 konnte das Unternehmen den erfolgreichen Abschluss von Phase-II-Erprobungen eines neues Mittels gegen Herzrhythmusstörungen bekannt geben, das einen neuen Ansatz bietet, Herzrhymtusstörungen, die von den Herzvorkammern ausgehen, sofort und auf Dauer zu bekämpfen. 2,6 Millionen Amerikaner müssen jährlich deshalb ins Krankenhaus eingeliefert werden. Bei dem neuen Mittel handelt es sich um CVT-510, einen so genannten Adenosin-A1-Antagonisten.

Für ein weiteres Medikament zur Behandlung von Herzinsuffizienz (CVT-124), das sich in Phase I befindet, wurde die Lizenz zur Fortsetzung der Forschungsarbeiten an Biogen, eines der großen und älteren Biotech-Unternehmen, gegeben. Dafür fließen CV Therapeutics 2 Millionen Dollar in bar und 6,5 Millionen Dollar als Kredit zu. Bei leichter bis mittlerer Herzinsuffizienz hat das Medikament bereits eine Phase-II-Studie durchlaufen.

CHANCEN 	RISIKEN
Zusammenarbeit mit Biogen sichert Liquidität und Beteiligung an Forschungsergebnissen	Die Aktie hatte bereits einen starken Kursanstieg, damit erhöht sich die Gefahr von Gewinnmitnahmen
Das Marktvolumen für Medikamente gegen Herzrhythmusstörungen ist beachtlich	Erst ein Produkt befindet sich unmittelbar vor der Markteinführung
BB Biotech hält Aktien des Unternehmens in seinem Portefeuille	Ein Gewinnausweis ist noch lange nicht abzusehen
Das Unternehmen verfolgt einen neuen, viel versprechenden Ansatz, Herz-Kreislauf-Krankheiten zu behandleln	Allgemeine Risiken, dass die erwarteten Forschungsergebnisse nicht erreicht werden oder dass unerwartete Nebenwirkungen bei einem Medikament auftreten
	Verlust je Aktie nimmt 2001 weiter zu

CyBio AG

Tätigkeit:	Laboreinrichtungen zur Wirkstoffsuche
WKN:	541230
Börsen-Kürzel:	CQJ
Gründungsjahr:	1990
Adresse:	Göschwitzer Straße 40
	07745 Jena
Telefon:	(0 36 41) 65 14 00
Fax:	(0 36 41) 65 14 09
Internet:	http://www.cybio-ag.com
Börsennotiz:	Neuer Markt
Höchstkurs:	151 Euro
Tiefstkurs:	35 Euro

	2000	2001	2002
Ergebnis je Aktie (Euro)	0,33	0,67	0,98
Umsatz (Mio. Euro)	20,0	25,9	38,0

CyBio ist die ehemalige Biotechnologie-Tochter der Jenoptik, die im Herbst 1999 an den Neuen Markt gegangen ist. Das Unternehmen stellt Anlagen zur Automatisierung von Laboruntersuchungen her. Dadurch werden Arbeitsprozesse in biotechnologischen und pharmazeutischen Labors verbessert und beschleunigt.

Wichtigstes Produkt ist die CyBi-Screen-Machine, die die Zeit sparende und effizientere Wirkstoffsuche ermöglicht. Sie kann 300 000 Proben am Tag untersuchen. Der Markt für Hochgeschwindigkeits-Laborautomaten, der im Jahr 2000 ein Volumen von einer Milliarde Dollar hatte, wächst kräftig. Zusätzliche Wachstumsimpulse erhält der Markt durch die Entschlüsselung des menschlichen Genoms, die umfangreiche weitere Forschungen notwendig macht. Zu den Kunden des Jenaer Unternehmens gehören Pharma-Konzerne wie Bayer und Novartis, Pfizer und Schering oder auch Glaxo Wellcome.

Im November 2000 kam das Unternehmen mit der Nachricht an die Öffentlichkeit, dass mit der Vermarktung eines neuen Systems zur Wirkstoffsuche aus der Natur (CyBi-XTract) begonnen werde. In der neuen Technologie sieht das Unternehmen weiteres Ergebnis- und Umsatzpotenzial. Man hofft, damit auch Unternehmen aus der Agrochemie wie Dow Chemical oder Merck ansprechen zu können. Auf der Suche nach Pflanzenwirkstoffen besteht bereits ein Joint Venture mit dem Hans-Knöll-Institut für Naturforschung e. V.

Eine Stärke der Gesellschaft liegt in einem schlagkräftigen Vertrieb, der Tochtergesellschaften in den USA, Großbritannien und Frankreich unterhält. Allerdings weisen andere Analysten darauf hin, dass das Absatzpotenzial von Labormaschinen, wie sie CyBio herstellt, langfristig beschränkt ist. Denn der Kreis der infrage kommenden Kunden ist auf einige 100 begrenzt. Und wenn diese mit den Laborgeräten ausgestattet sind, muss nur noch der Ersatzbedarf gedeckt werden.

CHANCEN 	RISIKEN 
• Starke Technologie in der Wirkstoffsuche	• Die Konkurrenz ist nicht nur weltweit, sondern insbesondere durch deutsche Konkurrenten hart
• In den nächsten Jahren ist mit hohem Marktwachstum zu rechnen	• Keine eigene Wirkstoffsuche
• Neue Labormaschine für Untersuchung von Wirkstoffen aus der Natur gibt Anregungen	• Plattform-Unternehmen haben langfristig nur beschränkte Wachstumschancen
• Starke Position im Vertrieb	

Evotec BioSystems AG

Tätigkeit:	Anbieter von Screening-Systemen
WKN:	566480
Börsen-Kürzel:	EVT
Gründungsjahr:	1993
Adresse:	Schnackenburgallee 114
	22525 Hamburg
Telefon:	(0 40) 56 08 10
Fax:	(0 40) 56 08 12 22
Internet:	http://www.evotec.de
Börsennotiz:	Neuer Markt
Höchstkurs:	101,95 Euro
Tiefstkurs:	11,20 Euro

	2000	2001	2002
Ergebnis je Aktie (Euro)	– 0,67	– 0,59	– 0,56
Umsatz (Mio. Euro)	16,21	20,55	24,20

Evotec BioSystems AG ist ein Service-Unternehmen, das seine Dienste bei der Wirkstoffsuche und -analyse den großen Pharmafirmen anbietet. Bei den Hochdurchsatz-Sreening-Systemen gilt das Unternehmen weltweit als Marktführer. In den letzten Jahren konnten Pfizer, Novartis und SmithKline als Kunden gewonnen werden. Die Verträge haben ein Volumen von etwas mehr als 40 Millionen Euro.

In einem vollautomatischen Verfahren testet das Unternehmen im Auftrag der Pharma-Firmen und anderer Biotech-Unternehmen Wirkstoffe und erstellt Substanzbibliotheken gegen krankheitsassoziierte Proteine (Targets), um wirksame Substanzen zu entdecken und weiterzuentwickleln. Das Unternehmen plant den Aufbau einer eigenen Substanzbibliothek mit zunächst rund 750 000 Substanzen, weil die Konkurrenz in der ausschließlichen Aufragsarbeit immer intensiver wird. Diese soll die Grundlage bilden für die Entwicklung eigener Wirkstoffe, die aber, wenn ein bestimmtes Entwicklungsstadium erreicht ist, an die großen Pharma-Firmen zur Weiterforschung auslizenziert werden sollen.

Evotec verfügt derzeit über Targets gegen Alzheimer, Infektionskrankheiten und Krebserkankungen. Zur Identifizierung weiterer Targets arbeitet das Unternehmen mit Forschungsinstituten, Universitäten und Genomik-Unternehmen zusammen.

Im Servicebereich sehen Analysten derzeit die größten Chancen für Evotec. Mithilfe der Biochip-Technik will das Unternehmen den gesamten vorklinischen Entwicklungsprozess von Wirkstoffen für die Pharmaindustrie als Dienstleistung übernehmen, ohne aber selbst die Risiken tragen zu müssen. Die strategische Allianz mit Treag Science, die im Januar 2000 geschlossen wurde, gilt als wichtiger Schritt in diese Richtung.

CHANCEN 	RISIKEN 
• Interessante Ausweitung der Geschäftätigkeit zum umfassenden Service-Unternehmen für die Pharma-Industrie	• Wachsende Konkurrenz im reinen Servicegeschäft
• Sichere Lizenzeinnahmen, ohne selbst das Entwicklungsrisiko tragen zu müssen	• Bisher keine eigene selbst ermittelte Substanz
• Entdeckung und Erforschung eigener Produkte wird mittelfristig angestrebt	• Hohe Investitionen in Mitarbeiter und Sachanlagen in den nächsten Jahren notwendig
• Zusammenarbeit mit Forschungseinrichtungen und Universitäten	• Gewinnzone dürfte erst 2003 zu erwarten sein
• Unternehmen strebt Position als Komplettanbieter in der präklinischen Wirkstoffentwicklung an	
• Möglichkeit, durch Aktienemission weitere Gelder aufzunehmen	

Genencor, Inc.

Tätigkeit: Industrielle Biotechnologie
WKN: 938429
Börsen-Kürzel: GE5
Gründungsjahr: 1982
Adresse: 1200 Meridian Centre Blvd.
Rochester, NY 14618-3916, USA
Telefon: (0 01) 7 16-2 56-52 00
Fax: (0 01) 7 16-2 44-69 52
Internet: http://www.genencor.com
Börsennotiz: Nasdaq
Höchstkurs: 33 US-$
Tiefstkurs: 4,25 US-$

	2000	2001	2002
Ergebnis je Aktie (US-$)	0,20	0,26	0,65
Umsatz (Mio. US-$)	325,2	429,4	496,8

Genencor ist ein einzigartiger Vertreter auf dem Gebiet der Genomik. Es ist das einzige Unternehmen aus diesem Bereich, das auf dem Markt bereits Produkte verkauft.

Genencor wurde 1982 durch die beiden Unternehmen Genentech und Corning gegründet, die die Genmanipulation entwickeln sollten für industrielle Anwendungen außerhalb des Gesundheitssektors. So hat Genencor zum Beispiel Enzyme und Proteine entdeckt, die Stärke in Süßstoff umwandeln und den Ernährungswert von Tierfutter erhöhen. Für Procter & Gamble wurde ein Enzym hergestellt, das die katalytischen Aktivitäten von Waschmitteln verfünffacht.

Das Unternehmen wendet biotechnologische Methoden an, um den Produktionsprozess ständig zu verbessern. Genencor schafft in zwölf Monaten die Identifikation eines neuen Wirkstoffs bis zur Produktion in einer von der Industrie geforderten Größenordnung. Diese Effektivität erreicht das Unternehmen durch Methoden der Genomik: Genencor nutzt den Affymetrix-Gen-Chip eines bestimmten Bazillus. Weil Genencor in effizienter Weise die Genomik-Methoden anwendet, entschloss sich Merrill Lynch im Sommer 2000, Genencor unter die Biotech-Unternehmen aufzunehmen, die regelmäßig von dem Brokerhaus verfolgt werden. »Akkumulieren« war die erste Einschätzung, mit der die Aktie in die Watch-List aufgenommen wurde.

Ein großes Risiko bei der Entwicklung neuer Proteine besteht darin, dass sie unerwünschte allergische Reaktionen auslösen können. Die Genencor-Wissenschaftler haben einen Chip entwickelt, mit dem allergische Reaktionen auf ein neues Protein prognostiziert werden können. So nutzte Genencor einen solchen »i-mune-Chip«, um die allergischen Eigenschaften einer neuen Protease in den klinischen Erprobungen einer neuen Hautcreme zu testen. Genencor hat zudem ein i-mouse-Modell entwickelt, das gute Chancen bieten könnte, einen Wirkstoff gegen Multiple Sklerose und Aids zu finden. Tiermodelle sind ein wichtiger Teil bei der Entdeckung neuer Wirkstoffe. So könnte Genencor durch die i-mouse-Lizenzeinnahmen von anderen Biotech-Unternehmen profitieren.

CHANCEN ●●●○○	RISIKEN ●○○○○
• Marktführer auf dem Gebiet der industriellen Biotechnologie	• Stark von Konjunkturentwicklung in Abnehmerbranchen abhängig
• Jährliche Gewinnwachstumsraten von 45 Prozent bis 2005 erwartet	• Notwendige Akquisitionen und Allianzen können scheitern
• Neue Allianzen bei der Herstellung industrieller Enzyme und biochemischer Produkte	• Der Genomiksektor weist starke Kursschwankungen auf

Genentech, Inc.

Tätigkeit:	Medikamentenentwicklung
WKN:	924632
Börsen-Kürzel:	DNA
Gründungsjahr:	1976
Adresse:	1 DNA Way
	South San Francisco, CA 94080-4990, USA
Telefon:	(0 01) 6 50-2 25-10 00
Fax:	(0 01) 6 50-2 25-60 00
Internet:	http://www.gene.com
Börsennotiz:	NYSE
Höchstkurs:	122,50 US-$
Tiefstkurs:	37,75 US-$

	2000	2001	2002
Ergebnis je Aktie (US-$)	1,203	1,54	1,982
Umsatz (Mio. US-$)	1 615,6	2 141,0	2 700,0

Genentech ist ein führendes US-Biotech-Unternehmen. Es zählt 3 500 Mitarbeiter, setzte über eine Milliarde Dollar im Jahr um und gehört zu den Blue Chips der Branche, die seit Jahren steigende Gewinne ausweisen. Aber erst seit dem 20. 7. 1997 ist die Gesellschaft an der Börse.

Seit 1990 ist das Schweizer Pharma-Unternehmen La Roche Mehrheitsgesellschafter bei Genentech. La Roche hat aber seine Beteiligung im März 2000 von 65,8 auf 58,9 Prozent reduziert. Vor allem soll die Aktie auf diese Weise für unabhängige Investoren attraktiver gemacht werden. Keinesfalls signalisiert dies, dass das Schweizer Unternehmen dieses wichtige Standbein in der Biotechnologie aufgeben will.

Das Unternehmen hat eine der besten Produktpipelines unter den Biotech-Unternehmen. Vierzehn der derzeit vermarkteten Biotech-Produkte stammen von Wissenschaftlern von Genentech. Neun Produkte werden von Genentech in den USA vermarktet, u. a. das Krebsmittel

Rituxan von IDEC, das weiter stark steigende Umsätze zeigt. Bezeichnenderweise hat das Unternehmen, das als einer der wenigen Branchenvertreter an der New York Stock Exchange notiert wird, das Börsenkürzel DNA, die englische Abkürzung für Desoxyribonukleinsäure, DNS, Träger der Erbinformation und vorrangiges Forschungsobjekt der Biotechnologie.

Genentech hat eine starke Stellung in der Krebsforschung, gilt als eines von fünf bis sechs Unternehmen, das am weitesten fortgeschritten ist und am meisten von der Bekämpfung von Krebs profitieren sollte. Einer der Hauptumsatzträger des Unternehmens ist Herceptin, ein Antikörper zur Behandlung von metastasierendem Brustkrebs. Genentech hat allerdings kein Blockbuster-Medikament wie andere Biotechfirmen, die Umsätze verteilen sich auf verschiedene Mittel.

Rund 30 Prozent des Umsatzes steckt Genentech in die Forschung. 2001 wird Genentech mit drei neuen Präparaten auf den Markt kommen, ein neues Herz-Kreislauf-Mittel, ein Asthma-Präparat und ein Herz-Mittel. In Phase II befindet sich ein Mittel gegen Psoriasis, das zusammen mit Xoma entwickelt wurde. Insgesamt befinden sich derzeit neun Mittel in der Phase II und III-Erprobung.

CHANCEN 	RISIKEN 
• Breite Palette von Medikamenten, die vermarktet werden	• Keine ausgesprochenen Blockbuster in der Produktionspalette oder in der Entwicklungspipeline
• Hohe Forschungsaufwendungen sind aus dem Cashflow finanzierbar	• Das starke Roche-Engagement könnte die Aufwärtsentwicklung des Kurses bremsen
• Klare Strategie des Unternehmens, im Biotech-Sektor möglichst die Nummer 1 zu werden	• Fast ausschließlich auf den US-Markt ausgerichtet
• Im Standard & Poor's-Index für Standardwerte vertreten, auch Indexanleger kommen an der Aktie nicht vorbei	• Geschäft mit dem Herz-Kreislauf-Medikament Activase hat nicht die erwarteten Umsätze erwirtschaftet
• Viele aussichtsreiche Entwicklungen in der Pipeline	

Genset

Tätigkeit:	Gen-Analyse mithilfe einer Gen-Datenbank
WKN:	901194
Börsen-Kürzel:	GENXY
Gründungsjahr:	1989
Adresse:	24 rue Royale, 75008 Paris, Frankreich
Telefon:	(00 33) 155 04 59 00
Fax:	(00 33) 155 04 59 23
Internet:	http://www.genxy.com
Börsennotiz:	Nasdaq
Höchstkurs:	78,938 US-$
Tiefstkurs:	9,5 US-$

	2000	2001	2002
Ergebnis je Aktie (Euro)	– 2,8	– 2,9	– 2,7
Umsatz (Mio. Euro)	35,8	41,5	47,7

Genset, ein französisches Gentechnik-Unternehmen, das an der Nasdaq und am Nouveau Marché (dem neuen Markt in Frankreich) notiert wird, besitzt eine umfangreiche und gut strukturierte Gendatenbank. Aufgrund einer detaillierten Karte des menschlichen Genoms identifiziert das Unternehmen Gene und versucht Genvariationen zu ermitteln. Genset hat eine Technologie entwickelt, die eine Analyse der genetischen Daten eines Patienten mit hoher Geschwindigkeit zulässt. Insgesamt umfasst die Genbibliothek NetGene Teilsequenzen von nicht ganz 100 000 Genen und stellt das wichtigste Aktivum der Gesellschaft dar.

Nachdem das Unternehmen bis 1998 eine Vielzahl von Verträgen mit Pharma-Firmen abschließen konnnte, die die Dienste von Genset in Anspruch nahmen, ist die Zahl der Neuverträge in letzter Zeit stark zurückgegangen. Das lässt nach Meinung von Analysten darauf schließen, dass es Genset nicht gelungen ist, sich mit seiner Technologie durchzusetzen. Bisher hat Genset vier Kooperationsverträge abgeschlossen, die rund drei Viertel der Umsätze erbringen. Die meisten der bisher abgeschlossenen Verträge haben eine Laufzeit von zwei bis drei Jahren. Ein Viertel der Umsätze stammt aus der Herstellung und Vermarktung von Oligonukleotiden (Oligos), die in der Forschung und Diagnostik Verwendung finden.

Inzwischen wurde unternehmenspolitisch offenbar eine Kehrtwende beschlossen. Das Unternehmen versucht nun verstärkt, eigene Forschungsprogramme zur Identifikation von Target-Genen zu entwickeln. Dabei liegen die Forschungsschwerpunkte auf den Indikationen Prostatakrebs, Diabetes, Manie, depressive Erkrankungen, Alzheimer und Adipositas. Allerdings rechnen Analysten frühestens 2006 mit Umsätzen aus solchen Forschungsprogrammen. Am weitesten fortgeschritten ist das Projekt Adipositas.

Insgesamt hat Genset inzwischen mehr als 300 Patente beantragt und etwas weniger als 100 erhalten. Aber der Wert der Patente bleibt ungewiss, da die Frage des geistigen Eigentums auf diesem Gebiet noch nicht geklärt ist.

CHANCEN 	RISIKEN 
• Auf dem wachstumsstarken Markt Genomics tätig	• Ob der Strategiewechsel auf lange Sicht erfolgreich ist, bleibt abzuwarten
• Vereinbarung mit französischer Atomenergiekommission wird zu schnelleren genetischen Analysen führen	• Ausscheiden des tüchtigen Finanzvorstands hat Vertrauen der Analysten beeinträchtigt
• Genbibliothek mit mehr als 90 000 Genen	• Neue Kooperationsverträge lassen länger auf sich warten, als dies für das Image des Unternehmens gut ist
• Laufende Kooperationen sichern für zwei bis drei Jahre einen Großteil der Einnahmen	• Wert der Patente fraglich
• Adipositas-Programm sorgt für Fantasie	

Genzyme

Tätigkeit:	Entwicklung und Vertrieb neuer Therapeutika
WKN:	871137
Börsen-Kürzel:	GENZ
Gründungsjahr:	k. A.
Adresse:	One Kendall Square
	Cambridge, MA 02139, USA
Telefon:	(0 01) 6 17-2 52-75 00
Fax:	(0 01) 6 17-2 52-76 00
Internet:	http://www.genzyme.com
Börsennotiz:	Nasdaq
Höchstkurs:	89,125 US-$
Tiefstkurs:	33,563 US-$

	2000	2001	2002
Ergebnis je Aktie (US-$)	2,20	1,97	2,48
Umsatz (Mio. US-$)	544,3	609,6	671,1

Genzyme ist ein Biotech-Unternehmen, das sich auf die Entdeckung und Vermarktung von erblich bedingten Stoffwechsel-Erkrankungen spezialisiert hat. Hier gibt es allerdings nicht die spektakulären Wachstumschancen wie bei der Bekämpfung von Krankheiten wie Krebs, Multiple Sklerose oder Alzheimer. Dies drückt sich auch in einer vergleichsweise niedrigen Bewertung für die Genzyme-Aktie aus. Aber auch die Mittel gegen seltene Krankheiten können viel Geld bringen, wenn sie den Orphan-Status erhalten. Dann gibt es ein siebenjähriges Vertriebsmonopol. Das ist zum Beispiel bei dem Mittel zu erwarten, das Genzyme gegen die Fabry-Krankheit entwickelt hat und das im kommenden Jahr auf den Markt kommen soll. Es ist zwar wahrscheinlich, dass es sich den Orphan-Status mit TKTX teilen muss, aber immerhin wird das Marktvolumen für dieses Medikament langfristig auf 500 Millionen Dollar pro Jahr geschätzt.

Noch im Jahr 2000 wird die Übernahme der Firma GelTex über die Bühne gehen. Dadurch kommt Genzyme an eine sehr attraktive Produktpipeline. Für Fantasie sorgt vor allem das Mittel Renegal, das bei Nierenkranken den Phosphatspiegel im Blut senkt. Bislang haben die US-Ärzte das Mittel wegen der Nebenwirkungen aber nur sehr zögernd verschrieben, sodass die Umsätze zunächst hinter den hohen Erwartungen zurückblieben. In jüngster Zeit steigen die Umsatzzahlen aber käftig an.

Als zweites Mittel nach Renegal, das 1998 die Vertriebsgenehmigung erhielt, wurde im Herbst 2000 Welchol zur Senkung des Cholesterin-Spiegels zugelassen. Dadurch kommt es zu einer Milestone-Zahlung durch Sankyo Parker-Davis.

Durch die Übernahme von GelTex, die bis Ende 2000 abgeschlossen sein soll, wird die Genzyme-Aktie an Attraktivität gewinnen. Merrill Lynch hat aufgrund dieser Transaktion die langfristige Gewinnzuwachsrate für Genzyme von 16 auf 23 Prozent erhöht. Die Gewinne je Aktie in der Tabelle berücksichtigen bereits die Fusion.

CHANCEN 	RISIKEN 
Durch Übernahme von GelTex wird die Produktpalette attraktiver	Übernahme von GelTex muss verkraftet werden: Reibungsverluste
Im Vergleich zu anderen Biotech-Titeln niedrige Bewertung	Zahl der betroffenen Patienten klein
Zählt zu den wenigen Biotech-Unternehmen, die Gewinne erzielen	Gewinn geht zunächst wegen Abschreibungen auf den Fimen-Goodwill zurück
Standardwert der Biotech-Branche	

GPC Biotech

Tätigkeit:	Genomik
WKN:	585150
Börsen-Kürzel:	GPCS
Gründungsjahr:	1997
Adresse:	Fraunhoferstraße 20
	82152 Martinsried
Telefon:	(0 89) 85 65 26 00
Fax:	(0 89) 85 65 26 10
Internet:	http://www.gpc-biotech.com
Börsennotiz:	Neuer Markt
Höchstkurs:	74,9 Euro
Tiefstkurs:	23,2 Euro

	2000	2001	2002
Ergebnis je Aktie (Euro)	– 1,88	– 1,28	– 0,57
Umsatz (Mio. Euro)	75,4	53,9	38,6

GPC Biotech ist ein innovatives Unternehmen, das im Bereich der Genomik tätig ist. Mithilfe der Gen-Funktionsanalyse werden zunächst die genetischen Rohdaten analysiert. Dabei setzt das Unternehmen auch eine selbst entwickelte Software ein, die die Daten filtert und auswertet. Anschließend werden diese Daten für die Entdeckung und Entwicklung neuer Medikamente genutzt.

GPC Biotech ist ein Unternehmen, das die Technologieplattform für die Entdeckung neuer Wirkstoffe zur Verfügung stellt. Die Wertschöpfungskette umfasst die DNA-Sequenzierung, Genfunktionsanalyse, Screening und Wirkstoffidentifizierung. Aber die klinischen Untersuchungen der gefundenen Wirkstoffe will GPC nicht selbst durchführen.

Das Unternehmen folgt auch der Idee der Reserve Genomics: Es werden nicht nur die Gene untersucht, sondern auch die von diesen kodierten Eiweiße. Um die Krankheitsentstehung zu erkennen, werden die Interaktionen der Proteine betrachtet.

Das Unternehmen strebt eine eigene Produktpipeline an, die bisher aber noch sehr wenig entwickelt ist. Die Hauptarbeitsgebiete, auf denen Wirkstoffe gesucht werden, sind Krebs, Autoimmun-Krankheiten und Infektionserkrankungen sowie Pilzinfektionen. In der Onkologie hat das Unternehmen einige Zellzyklus-Hemmer (Inhibitoren) in der Entwicklung, die für alle Krebsarten eingesetzt werden können. Hier besteht eine Forschungsallianz mit DuPont. Weiter sind Angiogenese-Hemmer und zwei Tumor-Supressor-Gene (p16 und p27) in der Entwicklung. Schließlich hat das Unternehmen einige Antikörper gegen Lymphome (anti-MHC II) in der Entwicklungspipeline. Insgesamt hat das Unternehmen in allen Arbeitsbereichen elf eigene Wirkstoffe, die sich aber alle in der vorklinischen Erprobung befinden. Die klinischen Tests sollen bei einem Antiköper gegen Lymphole, der zusammen mit Morphsys entdeckt wurde, gegen Ende des Jahres 2001 beginnen.

CHANCEN 	RISIKEN 
Das Unternehmen bemüht sich, eine eigene Poduktpipeline zu entwickeln	Die Wirkstoffpipeline steht noch im Entwicklungsstadium
40 erteilte Patente, 120 Patente beantragt	Gewinne werden erst ab dem Jahr 2006 erwartet
	Die Projekte befinden sich alle in einem frühen Forschungsstadium, in dem ein Scheitern noch leicht möglich ist
	Viele Konkurrenten forschen an ähnlichen Wirkstoffen und Targets

Human Genome Sciences

Tätigkeit:	Genomik
WKN:	889323
Börsen-Kürzel:	HGSI
Gründungsjahr:	1992
Adresse:	9410 Key West Avenue
	Rockville, MD 20850-3338, USA
Telefon:	(0 01) 3 01-3 09-85 04
Fax:	(0 01) 3 01-3 09-85 12
Internet:	http://www.hgsi.com
Börsennotiz:	Nasdaq
Höchstkurs:	116,375 US-$
Tiefstkurs:	24,375 US-$

	2000	2001	2002
Ergebnis je Aktie (US-$)	– 1,062	– 0,583	0,07
Umsatz (Mio. US-$)	k. A.	k. A.	k. A.

Human Genome Sciences gehört zu den Unternehmen, die der Biotech- und Pharma-Branche vor allem ihr umfangreiches Datenmaterial zur Verfügung stellen. Humane Genome ist fokussiert auf die Genomik, die systematische Erforschung der menschlichen Gene, und versucht das Wissen um die Genomik für die Entwicklung von Medikamenten zu verwenden. Das Unternehmen hat nach Ansicht von Experten ein integriertes, auf der Genomik basierendes Know-how aufgebaut, das zur Entdeckung und Weiterenwicklung von neuen Wirkstoffen notwendig ist. Das Unternehmen beschränkt sich aber schon lange nicht mehr darauf, seine Technologieplattform und seine Dienste anderen Firmen aus der Biotech-Branche zur Verfügung zu stellen.

Human Genome führt selbst weitergehende Entwicklungsarbeiten an zwei Proteinen durch, KGF-2 und MPIF-1, die sich in der Phase I befinden. MPIF-1 wird unter anderem als Wirkstoff gegen Gebärmutter- und Brustkrebs erprobt, KGF-2 gegen chronische Hautwunden. Zwei weitere Wirkstoffe wurden an Vascular Genetics auslizenziert. 20 menschliche Proteine befinden sich in der vorklinischen Phase. Insgesamt hat das Unternehmen das Patent für 8 100 neu entdeckte Gene beantragt. In den USA wurden 143 Patente vergeben.

Human Genome hat eine technologische Plattform errichtet, die alle Gebiete der Genomik abdeckt, von der Entdeckung neuer Gene bis zur klinischen Erprobung von Wirkstoffen. Durch Kooperationen mit Cambridge Antibody, Abgenix und Dynax wurden die Forschungen an eigenen Antigenen mit den Entwicklungen auf dem Gebiet der Antikörper und Peptide verknüpft.

Partnerschaften bestehen weiter mit großen Pharma-Firmen wie SmithKline Beecham, Takeda Chemical, Sanofi-Synthelabo und der deutschen Merck KG, die alle die Datenbasis von Human Genome nutzen, um die Entdeckung neuer Wirkstoffe zu beschleunigen.

CHANCEN 	RISIKEN 
Unternehmen wird bereits 2002 schwarze Zahlen schreiben	Eigene Wirkstoffpipeline steckt noch in den Kinderschuhen
Technologische Plattform wird von vielen Firmen benötigt	Die Suche nach Wirkstoffen ist weit riskanter, als Daten zur Verfügung zu stellen
Einer der Marktführer auf dem Gebiet der Genomik	Die Genomik-Branche befindet sich im Umbruch
Starke Partnerschaften mit Biotech- und Pharma-Firmen	

IDEC Pharmaceuticals Corp.

Tätigkeit:	Industrielle Biotechnologie
WKN:	883218
Börsen-Kürzel:	IDP
Gründungsjahr:	1986
Adresse:	11011 Torreyana Road
	San Diego, CA 92121, USA
Telefon:	(0 01) 85 84 31-85 00
Fax:	(0 01) 85 84 31-87 50
Internet:	http://www.idecpharm.com
Börsennotiz:	Nasdaq
Höchstkurs:	202,188 US-$
Tiefstkurs:	53,250 US-$

	2000	2001	2002
Ergebnis je Aktie (US-$)	0,987	1,345	2,208
Umsatz (Mio. US-$)	k. A.	k. A.	k. A.

IDEC Pharmaceuticals vermarktet mit Rituxan bereits sein erstes Produkt. Die Einführung eines weiteren Produkts ist 2001 vorgesehen. Und fünf aussichtsreiche Präparate befinden sich in der Pipeline.

Rituxan ist ein monoklonarer Antiköper zur Behandlung von rezessiven Non-Hodgkin-Lymphonen (NHL). Mit der Zulassung weiterer Indikationen wird in nächster Zeit gerechnet. In Kombination mit Zevalin, das vor allem zur Behandlung von fortgeschrittener lymphatischer Leukämie eingesetzt wird, kann die Wirksamkeit noch gesteigert werden. Die Zulassung von Zevalin durch die US-Gesundheitsbehörde wird in nächster Zeit erwartet. Für Zevalin gibt es zwar ein Konkurrenzprodukt (Bexxar vom Hersteller Coulter), aber dieses hat den Nachteil, dass es mit Radio-Jodinen verknüpft wird, die den Patienten so radioaktiv belasten, dass er nach der Behandlung isoliert werden muss. Zudem sind die Nebenwirkungen bei Zevalin offenbar geringer als bei

Bexxar. Analysten weisen außerdem darauf hin, dass die internationalen Rechte an Bexxar von SmithKline Beecham an Coulter zurückgegeben wurden. Dies lasse darauf schließen, dass der Pharmakonzern das Potenzial nicht sehr hoch veranschlagt.

Das Unternehmen schreibt schwarze Zahlen und hat mit sechs Milliarden Dollar bereits einen hohen Börsenwert. Der Kurs der Aktie ist im Jahr 2000 stark angestiegen.

Allerdings musste das Unternehmen auch einige Rückschläge hinnehmen. In Phase II stellte sich heraus, dass IDEC 131, entwickelt gegen Lupus, nicht die erhoffte Wirkung erzielte, die Studien wurden daraufhin beendet. Allerdings wird jetzt versucht, das Präparat für eine andere Indikation zu testen.

Zwei weitere Mittel gegen Psoriasis befinden sich in Phase I und II, ein Asthma-Antikörper in den klinischen Studien der Phase I.

Vor allem die Umsätze mit Rituxan geben zu großen Hoffnungen Anlass. Mit 96,7 Millionen Dollar wurden im bisherigen Jahresverlauf von 2000 bereits die Vorjahresumsatzahlen um mehr als 40 Prozent überschritten. Für das Jahr 2002 veranschlagen Broker die Umsätze auf 875 Millionen Dollar. Das Mittel hat also gute Aussichten, zu einem Blockbuster zu werden.

CHANCEN 	RISIKEN 
Einer der Marktführer auf dem Gebiet der monoklonalen Antikörper, die nicht nur in der Onkologie eine Rolle spielen	Die Kurse sind bereits stark gestiegen, die Bewertung ist hoch
Unternehmen ist bereits in der Gewinnzone	Spekulation auf Krebsmittel scheint übertrieben
Mit Rituxan verfügt das Unternehmen über ein Medikament mit Blockbuster-Potenzial	Konkurrenzmittel sind auf dem Markt
Weitere aussichtsreiche Wirkstoffe in der Pipeline	

ImClone Systems Inc.

Tätigkeit:	Krebsforschung
WKN:	883074
Börsen-Kürzel:	IMCL
Gründungsjahr:	1984
Adresse:	180 Varick Street, New York, NY 10014, USA
Telefon:	(0 01) 64 66 38-50 58
Fax:	(0 01) 64 66 38-20 54
Internet:	http://www.imclone.com
Börsennotiz:	Nasdaq
Höchstkurs:	86 US-$
Tiefstkurs:	15,188 US-$

	2000	2001	2002
Ergebnis je Aktie (US-$)	– 0,601	– 0,74	0,055
Umsatz (Mio. US-$)	31	50	180

ImClone gilt als das reinrassigste Anti-Krebs-Unternehmen der Welt. 90 Prozent der Forschungsgelder dieses Unternehmens fließen in die Entwicklung von Krebsmedikamenten. Die Firma entwickelt IMC-1C11, einen monoklonalen Antikörper, der das Immunsystem bei der Abwehr des Krebses unterstützt.

ImClones Antiköper hemmt den Wachstumsfaktor EGF – ein Ansatzpunkt, den auch Genentech gewählt hat. In Phase-I-Erprobungen an Patienten mit Dickdarmkrebs und Metastasen in der Leber hat IMC-1C11 schon Wirkung gezeigt. Weitere Studien sind hier aber notwendig.

Bereits in Phase III befindet sich C-225, gleichfalls ein monoklonaler Antikörper, der den Wachstumsfaktor EGF blockiert, der das krebsauslösende Gen aktiviert. In Phase II und III zeigte es bei Nierenkrebs, bei Krebs im Kopf- und Nackenbereich sowei bei Darmkrebs Wirkung.

Die Wirkung ist so überzeugend, dass mit der Vermarktung möglicherweise schon im Jahr 2001 begonnen wird.

Bereits im ersten Quartal 2001 könnte der Antrag auf Zulassung für die Indikation Darmkrebs eingereicht werden, für Krebs im Kopf- und Nackenbereich könnte dies im zweiten Quartal der Fall sein. Geht man von einer sechsmonatigen Prüfzeit aus, könnte spätestens im vierten Quartal 2001 für alle drei Indikationen die Genehmigung erfolgen. Das Brokerhaus Merrill Lynch schätzt längerfristig den möglichen Jahresumsatz auf 500 Millionen Dollar. Die Vertriebsrechte für die USA hat sich ImClone allein gesichert, in Europa übernimmt den Vertrieb die deutsche Pharma-Firma Merck aus Darmstadt.

Aufgrund zusätzlicher klinischer Studien für die forcierte Zulassung werden sich die Forschungs- und Absatzaufwendungen erhöhen; das Brokerhaus Merrill Lynch hat aber gleichwohl die Gewinnschätzung für ImClone nach oben revidiert und geht nun von einem ersten Gewinnausweis im Jahr 2002 aus.

CHANCEN 	RISIKEN 
• In der Krebsforschung einer der First Mover	• Starke Ausrichtung auf eine Krankheit
• Ein Medikament mit einem Marktvolumen von 500 Millionen Dollar vor der Markteinführung 2001	• Viele Konkurrenten mit ebenfalls aussichtsreichen Projekten sind in der Krebsforschung aktiv
• 2002 wird das Unternehmen die ersten – wenn auch noch kleinen – Gewinne erzielen	• Kurzfristig steigen zunächst einmal die Aufwendungen im Vorfeld der Markteinführung

Innogenetics NV

Tätigkeit:	Entwicklung von Produkten für Diagnose und Therapie
WKN:	904001
Börsen-Kürzel:	INX
Gründungsjahr:	1985
Adresse:	Technologiepark 6 B-9052 Ghent, Belgien
Telefon:	(0 01) 00 32) 93 29 16 47
Fax:	(0 01) 00 32) 93 29 16 98
Internet:	http://www.innogenetics.com
Börsennotiz:	Easdaq
Höchstkurs:	32,4 Euro
Tiefstkurs:	5 Euro

	2000	2001	2002
Ergebnis je Aktie (Euro)	– 0,3	– 0,91	0,46
Umsatz (Mio. Euro)	44,6	54,9	67,8

Innogenetics hat auf dem eigentlich hart umkämpften Diagnostikamarkt durch eine eigene patentierte Technologie (Multiparametertests) und durch Screening-, Diagnostik- und Überwachungstests als integrierter Anbieter eine starke Position errungen. Das Unternehmen hat sich zudem auf Bereiche spezialisiert, in denen es nur wenige therapeutische Wirkstoffe gibt, wie Alzheimer, HIV, Hepatitis C, rheumatoide Arthritis.

Innogenetics forscht auch selbst in den Indikationsgebieten Hepatitis C-Impfstoffe, Organtransplantation und Hautregeneration (Brandwunden). Hier beschränkt sich das Unternehmen aber auf die präklinischen Forschungen. Später werden die Produkte auslizenziert, das Unternehmen strebt dann Umsatzbeteiligungen und Lizenzeinnahmen an.

Der große Vorteil der Multiparametertechnologie gegenüber den von Konkurrenten angewendeten Verfahren liegt darin, dass mit einem einzigen Test gleichzeitig verschiedene Parameter wie Antikörper, spezifische Proteine oder Antigene nachgewiesen werden können und dass beim Screening hohe Probenzahlen dank automatisierter Systeme geprüft werden können.

Die Firma hatte im Jahr 1997 schon einmal die Gewinnzone erreicht, doch führten zusätzliche Kosten im Zusammenhang mit der Übernahme von International Murex Technology, eines Vertriebspartners in den USA, zu einem erneuten Abgleiten in die Verlustzone. Mit schwarzen Zahlen rechnen Analysten erst wieder im Jahr 2004. Dazu sollen auch die ergriffenen Maßnahmen zur Kostensenkung beitragen.

Im März 2000 verkaufte Innogenetics zur kurzfristigen Mittelbeschaffung 3,8 Prozent seiner Beteiligung an Rhein Biotech (jetzt noch 4,7 Prozent). Durch diese Maßnahme konnte die finanzielle Situation deutlich verbessert werden.

Zeitweise hatte das Unternehmen mit schwerwiegenden Führungsproblemen zu kämpfen, die aber im Frühjahr 2000 mit der Wahl von Philippe Archinard zum Vorstandvorsitzenden beendet wurden.

CHANCEN 	RISIKEN 
• Beabsichtigter Ausbau des Vertriebsnetzes ermöglicht Margenverbesserung • Änderungen im Management, die zunächst die Börse beunruhigten, sollten sich längerfristig positiv auswirken • Management strebt straffe Kostenkontrolle an • In den USA Patentrechte über Struktur des Hepatitis C-Virus für Impfstoffe	• Allzu ehrgeizige Wachstumsziele von mehr als 30 Prozent lassen sich kaum realisieren • Hohe Investitionen zur Erreichung der Wachstumsziele sind noch erforderlich • Konkurrenz auf dem Diagnostika-Markt ist sehr intensiv, die Konkurrenten sind im Vertrieb sehr stark

Maxim Pharmaceuticals

Tätigkeit:	Entwicklung von Medikamenten gegen Krebs
WKN:	909400
Börsen-Kürzel:	MXM
Gründungsjahr:	k. A.
Adresse:	8899 University Center Lane
	San Diego, California 92122, USA
Telefon:	(0 01) 85 84 53-40 40
Fax:	(0 01) 85 84 53-50 05
Internet:	http://www.maxim.com
Börsennotiz:	Nasdaq
Höchstkurs:	49,750 US-$
Tiefstkurs:	15,125 US-$

	2000	2001	2002
Ergebnis je Aktie (US-$)	– 3,45	– 1,82	k. A
Umsatz (Mio. US-$)	2,0	70,0	170,0

Maxim Pharmaceuticals Hauptprodukt, Maxamine, soll eine Art Wundermittel sein, das die Wirkung einiger anderer Heilmittel gegen Krebs verstärken soll. Das Flaggschiff-Medikament hat in Phase-III-Erpobungen bei malignen Melanomen zu einer deutlichen Verbesserung der Überlebenschancen geführt.

Maxamine greift den Krebs nicht direkt an, sondern versetzt das Immunsystem in die Lage, besser auf andere Medikamente wie etwa Interferon zu reagieren. Wenn das Mittel tatsächlich hält, was sich das Unternehmen davon verspricht, lassen sich sehr viele andere Anwendungsgebiete vorstellen. Im Falle der Krebsbekämpfung hilft Maxamine jedenfalls nach Angaben des Managements, dass Medikamente in den Tumor gelangen. Bei Leukämie soll es die Lebenschancen nach einer Bestrahlungstherapie verbessern. Außerdem soll es den Patienten in die Lage versetzen, größere Bestrahlungsdosen länger auszuhalten.

Erfolgreich abgeschlossen wurde die klinische Phase III, in der das Mittel in Kombination mit Interleukin-2 getestet wurde (Indikationen bösartige Melanome und Leukämie). In Phase II wird es für andere Indikationen erprobt, so zum Beispiel in Kombination mit Interferon-Alpha zur Behandlung von chronischer Hepatitis C.

Maxims Technologie basiert auf Histamin, einem Protein, das zur Unterdrückung der Heuschnupfen-Symptome eingesetzt wird. Die positive Wirkung auf das Immmunsystem wurde erst in den letzten Jahren erforscht. Die Anhänger der Theorie weisen darauf hin, dass Menschen, die unter einer Allergie leiden, weniger häufig von Krebs befallen werden als die übrige Bevölkerung. Dies erkannte als Erster der schwedische Forscher Dr. Kristoffer Hellstrand, ein Virologe, der an der Universität von Göteborg mitforschte.

Achtung: Skeptiker weisen aber darauf hin, dass das Unternehmen alles auf die Karte Maxamine setzt und dass die Zulassung durch die US-Gesundheitsbehörde FDA keinegswegs gesichert ist. Man munkelt sogar von der Manipulation klinischer Studien. Doch wenn sich die Wirksamkeit in einer Verwendung Maxmines bestätigen würde, liegt die Vermutung nahe, dass es auch in anderen Anwendungsbereichen die ihm nachgesagte positive Wirkung entfalten kann. MaxDerm, ein Präparat, das von Maxamine abgeleitet wurde, soll gegen Entzündungen helfen und die Wundheilung unterstützen.

Chancen 	Risiken 
Krebsbekämpfung birgt große Marktchancen	Ein-Produkt-Unternehmen (weitere Produkte in der Pipeline)
Weitere Verwendungsmöglichkeiten des Mittels sind wahrscheinlich	Zulassung durch FDA ist nicht sicher
Weitere Präparate gegen Leukämie und Hepatititis C sind in der Pipeline	Das Unternehmen wird auch 2002 noch einen hohen Verlust ausweisen
	Für 2002 liegen von den Analysten noch keine Gewinnschätzungen vor

Medarex, Inc.

Tätigkeit:	Antikörperforschung und -entwicklung
Börsen-Kürzel:	MEDX
WKN:	883040
Gründungsjahr:	k. A.
Adresse:	707 State Road
	Princeton, NJ 08540, USA
Telefon:	(0 01) 60 84 30 28 80
Fax:	(0 01) 60 84 30 28 50
Internet:	http://www.medarex.com
Börsennotiz:	Nasdaq
Höchstkurs:	103 US-$
Tiefstkurs:	5,313 US-$

	2000	2001	2002
Ergebnis je Aktie (US-$)	– 0,44	– 0,285	– 0,22
Umsatz (Mio. US-$)	k. A.	k. A.	k. A.

Medarex entwickelt Therapien, die auf monoklonalen Antikörpern basieren. Die Gesellschaft setzt dabei bestimmte Kerntechnologien ein, um so genannte bispezifische Antikörper zu entwickeln, die direkt die Abwehrkräfte des Immunsystems stärken, die so genannte HuMAb-Mouse. Die bispezifischen Antikörper stellen die Kombination von zwei Antikörpern dar, die die körpereigenen Killerzellen des Immunsystems direkt mit den befallenen Krankheitszellen in Verbindung bringt.

Das Unternehmen ist eine Reihe von Kooperationen und strategischen Allianzen eingegangen, zum Beispiel mit der japanischen Kirin, die die Rechte zum Verkauf der HuMAb-Technologie in ganz Asien hat, während umgekehrt Medarex dafür außerhalb Asiens die Vertriebsrechte für die transchromosomale Maus von Kirin erhalten hat. Damit haben beide Unternehmen eine breite und effektive Plattform, um maßgeschneiderte monoklonale Antikörper zu entwickeln. Im Herbst 2000 wurde eine Zusammenarbeit mit dem britischen Unternehmen Oxford GlycoSciences vereinbart. Das gemeinsame Joint Venture soll neue Heilverfahren entwickeln, bei denen die Medarex-Technologie der monoklonalen Antikörper mit der Proteomik-Technologie von Oxford GlycoSciences zusammengeführt wird. Aus der Kombination der beiden erwartet man neue therapeutische Produkte, die auf menschlichen Antikörpern basieren. Mit der deutschen Scil Biomediclas besteht eine Zusammenarbeit für das Präparat MED-RA (grauer Star) und das Krebsmittel MDX-210.

Medarex hat derzeit fünf therapeutische Produkte in der klinischen Erprobung und einige andere in der vorklinischen Untersuchung. In der klinischen Erprobung befinden sich MDX-210, MDX-447, MDX-22 und MDX-220, die für die Krebsbekämpfung eingesetzt werden sollen. Das erste Produkt, das sich in Phase III befindet, ist MDX-RA, ein Mittel, das eine erneute Eintrübung der Augenlinsen nach einer Operation am grauen Star verhindern soll.

CHANCEN ●●●○	RISIKEN ●●●●○
Zusammenarbeit mit großen Pharma-Konzernen	Positiver Cashflow erst 2004 zu erwarten
Weitere Vertragsabschlüsse und Kooperationen sind zu erwarten	

MedImmune

Tätigkeit:	Entwicklung von Medikamenten gegen Infektionskrankheiten und Krebs
WKN:	881824
Börsen-Kürzel:	MEDI
Gründungsjahr:	1988
Adresse:	35 West Watkins Mill Road Gaithersburg, MD 20878, USA
Telefon:	(0 01) 30 14 17-07 70
Fax:	(0 01) 30 15 27-42 07
Internet:	http://www.medimmune.com
Börsennotiz:	Nasdaq
Höchstkurs:	86,125 US-$
Tiefstkurs:	35,5 US-$

	1999	2001	2001
Ergebnis je Aktie (US-$)	0,33	0,61	0,83
Umsatz (Mio. US-$)	383,4	537,8	k.A.

MedImmune hat insgesamt sechs marktfähige Produkte in den Bereichen Infektionskrankheiten, Organtransplantationen und Onkologie. Das wichtigste ist Synagis, ein humanisierter monoklonaler Antikörper, der nach jahrelanger Forschung 1999 auf den Markt gebracht werden konnte. Es bekämpft den so genannten RS-Virus. Dieser Virus führt bei Kleinkindern zu schweren Atemwegs-Erkrankungen, die tödlich enden können.

Das Marktpotenzial dieses Mittels wird auf über 1 Milliarde Dollar geschätzt. 325 000 Kleinkinder sind potenziell gefährdet. Synagis wird in den USA zusammen mit dem Pharma-Konzern Abbot vermarktet. Ein Konkurrenzprodukt gibt es vorerst nicht. Derzeit entwickelt MedImmune zusammen mit der Firma Alkermes eine inhalierbare Form von Synagis für die Anwendung bei älteren Personen. Außerdem forscht das Unternehmen an einem Synagis-Präparat der zweiten Generation (Numax), das die zehn- bis 20fache Wirksamkeit haben soll. Durch den Erwerb der Firma US Biosciences erhielt MedImmune Zugang zu den vermarkteten Produkten Ethyol, Neutexin und Hexalen. Ethyol ist ein zellschützendes Mittel, das Anwendung findet, um die toxischen Auswirkungen bei Chemo- und Strahlentherapien zu vermindern. Neutexin ist ein Mittel gegen Lungenentzündung und befindet sich in der Phase-III-Studie für die Indikation Darmkrebs. Hexalen ist ein Medikament gegen Eierstockkrebs.

Außerdem hat MedImmune noch eine Reihe von Präparaten im fortgeschrittenen Entwicklungsstadium. Dazu zählt zum Beispiel MEDI-507, die humanisierte Version eines bei Mäusen entwickelten monoklonalen Antikörpers, der lebensbedrohende Abwehrreaktionen bei Rückenmarksübertragungen verhindern soll. Außerdem arbeitet das Unternehmen an Vitaxin II, einem monoklonalen Antikörper, der in der Angiogenese Anwendung findet, und entwickelt ein Mittel gegen Harnwegsinfektionen. Mit einer Börsenkapitalisierung von rund 15 Milliarden Dollar gehört MedImmune zu den größeren Biotech-Unternehmen.

CHANCEN 	RISIKEN 
Eine Reihe von Produkten in der Pipeline	Aktuelle Gewinnschätzungen mussten reduziert werden
Weitere Indikationen möglich	Synagis-Verkauf im Ausland läuft nicht ganz so wie erwartet
Unternehmen, das bereits Gewinne erzielt	Risiken, dass bislang unbekannte Nebenwirkungen auftreten
Im Vergleich zu anderen Biotech-Titeln preiswert	
Langfristiges Wachstum von 35 Prozent erwartet	

Mologen Holding AG

Tätigkeit:	Entwicklung von Gentherapie, genetischer Impfung
WKN:	663720
Börsen-Kürzel:	MGN
Gründungsjahr:	1998
Adresse:	Fabeckstraße 30
	14195 Berlin
Telefon:	(0 30) 84 17 88 13
Fax:	(0 30) 84 17 88 50
Internet:	http://www.mologen.com
Börsennotiz:	Freiverkehr Berlin
Höchstkurs:	58,50 Euro
Tiefstkurs:	7,33 Euro

	2000	2001	2002
Ergebnis je Aktie (Euro)	− 2,07	− 4,25	0,06
Umsatz (Mio. Euro)	1,6	3,9	12,9

Mologen ist in den Bereichen molekulare Medizin und Bioinformatik tätig, Schwerpunkte der Aktivitäten sind Gentherapie, genetische Impfung und Bioinformatik. Das Unternehmen entstand aus der Mologen GmbH und der Soft Gene GmbH, die im Mai 1998 in die Mologen Holding AG eingebracht wurden. Die Aktie wird seit dem 22. Januar 1998 im Freiverkehr der Berliner Börse notiert, das Unternehmen will aber in den Neuen Markt wechseln.

Mologen hat das Patent auf die MIDGE-Technologie, die in der Gentherapie und der Genimpfung eine wichtige Rolle spielt. Mehrere Produkte befinden sich in fortgeschrittenen klinischen Erprobungsphasen. So wird zusammen mit dem Kölner Universitätsklinikum derzeit ein Mittel zur Behandlung des Multiplen Myeloms, eine Tumorerkrankung des Immunsystems, in der klinischen Phase II und III erprobt.

In Kooperation mit dem Schweizer Pharma-Unternehmen Avantis wird ein neues Behandlungsverfahren von Darmkrebs erprobt. Hier handelt es sich um eine Kombination von Chemo- und Immuntherapie. Mologen liefert hierzu unter anderem eine spezielle Form von DNA-basierten Immunaktivatoren, die zur MIDGE-Technologie gehört und zum Patent angemeldet wurde. Die Zusammenarbeit mit Aventis gilt als wichtiger Meilenstein in der Unternehmensgeschichte.

Mologen verfügt über eine breite Produktpipeline. Teilweise befinden sich die Erprobungen in der Phase II und III. Insgesamt kann das Berliner Unternehmen zwölf Projekte vorweisen, in der die MIDGE-Technologie zum Einsatz kommt. Ziel des Unternehmens ist es, ein gentherapeutisches Produkt am Markt einzuführen und die MIDGE-Technologie als Standard für sichere gentherapeutische Anwendungen zu etablieren.

Ein anderer Geschäftsbereich erarbeitet Softwarelösungen für die Forschung und Entwicklung in der molekularen Medizin.

CHANCEN 	RISIKEN 
Nach Umzug in neue Räume 1999 können in Zukunft Medikamente nach GMP-Standard hergestellt werden	Durch neue strategische Ausrichtung auf Entwicklung eigener Produkte werden schwarze Zahlen erst 2003 erreicht
Gruppe chinesischer Investoren mit Kontakten zu Gesundheitsbehörden im Lande ist beteiligt	Starke Konkurrenz im Bereich Gentherapie und genetische Impfstoffe
Durch Kapitalerhöhung wurde die Finanzierung sichergestellt	Die Arbeit an eigenen Produkten erhöht die Gefahren
Meldungen über Forschungserfolge sorgen für Impulse	
GMP-Zertifizierung ermöglicht Ausweitung der Produktionspalette auf Pharma-Produkte	

Morphosys AG

Tätigkeit: Antikörperforschung
WKN: 663200
Börsen-Kürzel: MOR
Gründungsjahr: 1992
Adresse: Lena-Christ-Straße 48
82152 Martinsried/München
Telefon: (0 89) 89 92 70
Fax: (0 89) 89 92 72 22
Internet: http://www.morphosys.de
Börsennotiz: Neuer Markt
Höchstkurs: 444,44 Euro
Tiefstkurs: 16,70 Euro

	2000	2001	2002
Ergebnis je Aktie (Euro)	– 1,07	– 0,11	0,37
Umsatz (Mio Euro)	9,77	14,36	20,12

Morphosys besitzt als wichtiges Aktivum die HuCAL (=Human Combinatorial Antibody Library), eine Bibliothek humaner Antikörper, die Informationen von über zehn Milliarden unterschiedlicher Antikörper enthält. Diese wird gegen Lizenzgebühren Firmen aus der Pharma- und Biotech-Branche zur Verfügung gestellt, die diese zur Identifizierung und Validierung therapeutischer Zielmoleküle nutzen.

HuCAL kann aber auch von Morphosys selbst eingesetzt werden, um im Rahmen von Kooperationen mit anderen Biotech-Firmen therapeutische und diagnostische Antikörper zu entwickeln. Dieses Geschäft ist für das langfristige Wachstum des Unternehmens wesentlich wichtiger. Allerdings hat das Unternehmen bislang noch kein eigenes Produkt in der Entwicklung. Morphosys hat zwar eigene therapeutische Antikörper gegen Krebs und Entzündungskrankheiten entdeckt; für deren klinische Weiterentwicklung benötigt die Firma aber erfahrene Partner aus der

Biotech- oder Pharma-Branche. Bislang konnte das Unternehmen noch keine Kooperationsverträge abschließen. Erste Produkte sind allenfalls in fünf bis sechs Jahren zu erwarten.

Morphosys verfügt über eine gegenüber den Konkurrenten überlegene Technologie. Die 49 Standardantikörper wurden dank der Morphosys-Technologie (Nutzung genmanipulierter Phagen) zu der zehn Milliarden Antikörper umfassenden HuCal ausgebaut. Bislang gelang es dem Unternehmen aber nicht, diese Technologie als Industriestandard durchzusetzen.

Zudem bestehen Patentstreitigkeiten im Hinblick auf zwei Patente zur Nutzung von Antikörperbibliotheken und zur Nutzung der Phagen-Display-Technologie. Einspruch gegen die Zuteilung eines der Patente hat Cambridge Antibody Technology erhoben, die unter anderem das so genannte Winter II-Patent verletzt sieht. Das Europäische Patentamt hat in zwei schriftlichen Stellungnahmen die Überarbeitung dieses Patents als notwendig bezeichnet. Damit haben sich die Aussichten von Morphosys in diesem Patentstreit verbessert.

CHANCEN 	RISIKEN 
• Der Markt für monoklonale Antikörper ist riesig und hat ein starkes Wachstumspotenzial • Beabsichtigter Ausbau des Vertriebsnetzes ermöglicht Margenverbesserung • Mit Tochtergründung in den USA erfolgt Positionierung auf dem wichtigen Markt, auf dem sich die Big Player des Pharma-Marktes tummeln • Die Technologie von Morphosys ist nach Analystenmeinung der Konkurrenz überlegen • 2002 könnte die Gewinnzone erreicht werden	• Ausgang und Dauer des Patentstreits sind unsicher und können letztlich die Nutzung der Antikörperbibliothek verhindern • Morphosys betätigt sich in einem sehr wettbewerbsintensiven Markt • Noch kein eigenes Produkt in der klinischen Entwicklung

MWG-Biotech AG

Tätigkeit: Biotech-Zulieferer
WKN: 730010
Börsen-Kürzel: NWU
Gründungsjahr: 1990
Adresse: Anziger Straße 7a
85560 Ebersberg
Telefon: (0 80 92) 8 28 90
Fax: (0 80 92) 2 10 84
Internet: http://www.mwg-biotech.de
Börsennotiz: Neuer Markt
Höchstkurs: 51,96 Euro
Tiefstkurs: 12,80 Euro

	2000	2001	2002
Ergebnis je Aktie (Euro)	– 0,10	0,90	2,14
Umsatz (Mio. Euro)	63,4	95,0	138,1

MWG-Biotech ist ein Zulieferer der Biotech-Branche. Ein Drittel des Umsatzes entfällt auf Oligonukleotiden (Oligos), das Rohmaterial, mit dem die Biotech-Untenehmen arbeiten. Zwei Drittel des Umsatzes erbringen Instrumente, die die Branche für ihre Arbeit benötigt.

Auf dem Gebiete der Oligos ist MWG-Biotech aufgrund einer überlegenen Technologie und einer guten Absatzstrategie Marktführer. Im Grunde handelt es sich bei den Oligos aber um Massengüter, die auf Dauer wie andere Rohstoffe einem starken Margendruck unterliegen. MWG kann die Oligos durchschnittlicher Qualität zwar bedeutend günstiger liefern als die Konkurrenz, aber dieser Vorteil muss in einem Markt, auf dem die Eintrittsbarrieren niedrig sind, nicht ewig halten. Vorteile hat das Unternehmen aber auch aufgrund der hohen Kapazitäten. Wichtig wird sein, ob das Unternehmen die Technologieführerschaft, die es zurzeit hat, in den nächsten Jahren behaupten kann. Die großen Konkurrenten auf diesem Gebiet sind Genset und Life Technologies. Neben den Oligos stellt das Unternehmen Peptide her.

Derzeit ist es schwierig abzuschätzen, wie sich der Markt der Genomik entwickeln wird. Vorsichtige Schätzungen gehen davon aus, das er um 40 Prozent jährlich wächst. Es ist aber möglich, dass die Nachfrage der auf dem Gebiet der Genomik arbeitenden Unternehmen schneller wächst. Von diesem Wachstum wird MWG-Biotech profitieren, vor allem, wenn keine neuen Technologien entwickelt werden sollten.

Vom Bereich Genomik profitiert das Unternehmen aber auch als Hersteller von Instrumenten zur Sequenzierung von DNA und zur Herstellung und zum Lesen von Biochips. Diese Geräte wurden überwiegend selbst entwickelt, allerdings wurden dafür auch Lizenzen erworben. Hier handelt es sich allerdings um ein Feld mit starkem Wettbewerbsdruck durch die großen US-Hersteller Perkin und Elmer.

Im Bereich Mikrochips kann die Gesellschaft ebenfalls von einem hohen Wachstumspotenzial profitieren. Unlängst wurde ein Lizenzvereinbarung mit Affymetrix unterschrieben, allerdings ist das Affymetrix-Patent zur Biochip-Herstellung nicht völlig abgesichert.

CHANCEN 	RISIKEN 
Profitiert vom Wachstumsmarkt Genomik und der zunehmenden Bedeutung der Genchips	Eintrittsbarrieren in den Markt sind vergleichsweise niedrig
Weil das Unternehmen schon 2002 in die Gewinnzone kommt, lassen sich weitere Akquisitionen und Investitionen gut finanzieren	In einigen Bereichen fehlt die kritische Masse
	Bei der Sequenzierung von DNA nur in Deutschland eine starke Position
Vertriebspartnerschaften in strategisch wichtigen Bereichen	Patent-Basis bei der Biochip-Herstellung noch nicht voll abgesichert
Schlüsseltechnologien im Bereich Zellbiologie	
Operative Basis auf dem Weltmarkt Nummer 1 (USA) wurde errichtet	

NaPro BioTherapeutics Inc.

Tätigkeit:	Krebsmittel Taxol
WKN:	891927
Börsen-Kürzel:	NPRO
Gründungsjahr:	k. A.
Adresse:	6304 Spine Road, Unit A
	Boulder, CO 80301, USA
Telefon:	(0 01) 3 03-5 30-38 91
Fax:	(0 01) 3 03-5 30-12 96
Internet:	http://www.naprobio.com
Börsennotiz:	Nasdaq
Höchstkurs:	12,25 US-$
Tiefstkurs:	2,063 US-$

	2000	2001	2002
Ergebnis je Aktie (US-$)	– 0,66	– 0,78	2,39
Umsatz (Mio. US-$)	15,0	22,0	45,0

NaPro ist auf dem Milliardenmarkt Taxol tätig. Das weltweit am meisten verkaufte Krebsmittel ist Paclitaxel, das ursprünglich aus der Rinde der Eibe gewonnen wurde. Es handelt sich um einen Wirkstoff gegen viele Krebsarten. Der zytotoxische Wirkstoff hemmt das Zellwachstum durch einen bestimmten Inhibitionsmechanismus der Zellteilung. Der größte Hersteller weltweit ist Bristol-Myers Squibb. Ein eigenes Verfahren zur Herstellung von Paclitaxel hat NaPro entwickelt. Dabei wird umweltschonend erneuerbare Biomasse verwendet: Es werden nur die Nadeln verarbeitet, die von kultivierten Eiben geerntet werden. Bei der Extraktion entstehen neben Paclitaxel rund 100 verschiedene Texane, die aber wiederum durch chemische Synthese in Paclitaxel umgewandelt werden. Durch diese Synthese wird die Ausbeute erhöht.

NaPro Biotherapeutics verfügt über eine eigene Technologie für die Extraktion, Isolation und Reinigung sowie über verschiedene Patente und Lizenzen, die zu einer kostengünstigen und umfangreichen Herstellung von Paclitaxel benötigt werden. Das Paclitaxel-Präparat von NaPro wird bereits in Australien und in einigen asiatischen Ländern durch die australische Pharma-Firma Faulding vermarktet.

In den USA gab es dagegen mit der Vermarktung Schwierigkeiten aufgrund von patentrechtlichen Problemen. Die Wirksamkeit des von NaPro hergestellten, so genannten NBT Paclitaxel wurde zwar für die Indikation Kaposi-Sarkom anerkannt. Dafür hatte aber der Weltmarktführer Bristol-Myers Squibb einige Tage vorher die Zulassung und den Orphan-Drug-Status erhalten, das heißt, die exklusiven Vermarktungsrechte liegen für sieben Jahre bei dem Pharma-Konzern. Das brachte NaPro zeitweise in große Schwierigkeiten, mittlerweile konnte das Unternehmen mit Abbot Laboratories einen 20 Jahre dauernden Kooperationsvertrag über die Entwicklung, Zulassung und Vermarktung von NBT Paclitaxel abschließen. Dabei übernimmt Abbot den wesentlichen Teil der Kosten für die klinische Erprobung.

Außerdem arbeitet NaPro an einem Taxol-Medikament, das oral eingenommen werden kann (Paclitaxel muss intravenös verabreicht werden).

Chancen 	Risiken 
• Mit Abbot Laboratories als finanzstarkem Partner sollte die Vermarktung erfolgreich sein • Analysten rechnen bereits im kommenden Jahr mit einem Gewinnausweis • Probleme mit der Zulassung sollte es nicht geben, nachdem für eine andere Indikation die Wirksamkeit schon belegt ist • Ein Mittel für die orale Verabreichung hat Vorteile	• Nach wie vor besteht eine starke Konkurrenz durch den Marktführer Bristol-Myers Squibb • NaPro ist praktisch ein Ein-Produkt-Unternehmen • Komplizierte Patentsituation, weil das Produkt selbst als Naturstoff nicht patentierbar ist

NeuroSearch

Tätigkeit:	Entwicklung von Medikamenten gegen Erkrankungen des zentralen Nervensystems
WKN:	901305
Börsen-Kürzel:	NRS
Gründungsjahr:	1989
Adresse:	93 Pederstrupwei
	2750 Ballerup, Dänemark
Telefon:	(0045) 44 60 80 00
Fax:	(0045) 44 60 80 80
Internet:	http://www.neurosearch.com
Börsennotiz:	Kopenhagen
Höchstkurs:	700 DKK
Tiefstkurs:	212 DKK

	2000	2001	2002
Ergebnis je Aktie (DKK)	– 6	– 11	– 12
Umsatz (Mio. DKK)	127	79	81

NeuroSearch, ein dänisches Unternehmen, legt seinen Forschungsschwerpunkt auf Erkrankungen des zentralen Nervensystems. Derzeit sind vier Wirkstoffe (gegen Parkinson, Angstneurosen, Depression und Alzheimer) in der Phase II. Im März 1999 erlebte die Aktie einen Kurseinbruch um rund 60 Prozent, als sich Bristol-Myers Squibb entschied, die gemeinsame Entwicklung eines Medikaments gegen Parkinson aufzugeben und Pharmacia Upjohn aus der Kooperation bei der Erforschung eines Parkinson-Mittels und eines Angstneurosen-Medikaments ausstieg. Beide Projekte setzt NeuroSearch nun alleine fort.

Die aussichtsreichste Entwicklung dürfte derzeit NS2389, ein Präparat gegen Depressionen sein. Dieser Markt verspricht zum einen ein hohes Wachstumspotenzial. Zum anderen weist das Mittel im Vergleich zu den bisherigen Standardtherapien besondere Vorteile auf. Der Markt für Antidepressiva in den Vereinigten Staaten wird auf rund 9 Milliarden Dollar geschätzt. NS2389 hemmt die Reabsorption von Serotonin, Dopamin und Noradrenalin und kombiniert damit zwei Wirkungsweisen von Antidepressiva. Das Mittel zeigt zudem eine bessere Wirkung und bessere Verträglichkeit als die auf dem Markt befindlichen Mittel.

Mit NS2330 befindet sich weiter ein Mittel in der Pipeline, das eine Linderung bei der Alzheimerkrankheit bringen soll. Etwa 15 Millionen Menschen leiden weltweit unter Alzheimer, der Markt für ein solches Mittel wäre also riesig. Zumal aufgrund der älter werdenden Bevölkerung diese Zahl noch weiter steigen dürfte. Zehn Prozent der Alzheimer-Kranken sind über 65, 50 Prozent der Erkrankten sind über 85 Jahre. Die Krankheit nimmt offenbar mit zunehmendem Alter zu.

Bis März 1999 war das Paradestück in der Produktpipeline Brasofensin gegen Parkinson. Doch das Auftreten eines Abbauprodukts hat die FDA veranlasst, Bristol-Myers Squibb eine Verringerung der Dosis vorzuschreiben und die Behandlung auf vier Wochen zu begrenzen. Im Oktober 1999 wurden der FDA neue toxologische Studien vorgelegt, die nach Aussagen der Firmenleitung auch zufrieden stellend beurteilt wurden. Die FDA veranlasste aber weitere Studien zu wichtigen Metaboliten von Brasofensin in Tieren und Menschen. Analysten gehen nun davon aus, dass das Mittel lediglich als Ergänzung zu anderen Präparaten bei motorischen Störungen Anwendung finden kann. Damit ist es aber für potenzielle Partner bei weitem nicht mehr so attraktiv.

CHANCEN 	RISIKEN 
• Vier Wirkstoffe in Phase II	• Nebenwirkungen beim Reabsorptionshemmer führten bei Parkinson zum Ausstieg von Bristol-Myers Squibb
• Antidepressiva haben einen Markt von mehr als 9 Milliarden Dollar	
• Auch der Bekämpfung von Alzheimer wird in den USA ein Milliarden-Marktpotenzial zugetraut	• Große Unsicherheit herrscht über die Zukunft des Päparates
• Die Produktpipeline ist durchaus attraktiv	• Es besteht die Gefahr, dass die Finanzmittel für die Durchführung aller Forschungsvorhaben nicht ausreichen

November AG

Tätigkeit: Entwicklung von Produkten für molekulare Therapie und Diagnose
WKN: 676290
Börsen-Kürzel: NBX
Gründungsjahr: 1996
Adresse: Ulrich-Schalck-Straße 3
91056 Erlangen
Telefon: (0 91 31) 75 08 80
Fax: (0 91 31) 7 50 88 99
Internet: http://www.november.de
Börsennotiz: Neuer Markt
Höchstkurs: 44,60 Euro
Tiefstkurs: 17,33 Euro

	2000	2001	2002
Ergebnis je Aktie (Euro)	– 1,05	– 0,92	k.A.
Umsatz (Mio. Euro)	k.A.	k.A.	k.A.

November arbeitet vor allem in den Bereichen molekulare Diagnose und Therapie. Das Unternehmen strebt die Entwicklung eigener Wirkstoffe an, will diese aber später auslizenzieren.

Im Bereich molekulare Therapie arbeitet das Unternehmen an Verfahren zur Verabreichung neuer Medikamente, die im Vergleich zu bisherigen Technologien eine höhere Wirksamkeit haben. Außerdem sollen die Nebenwirkungen in engeren Grenzen gehalten werden. Dies erreicht das Unternehmen durch den Einsatz von Virushüllen, die nach dem Baukastensystem gestaltet sind. Dabei wird der Proteinbaustein für die Hülle mit dem Wirkstoffbaustein (Proteine, Peptide, DNA-Fragmente oder therapeutische Wirkstoffe) gekoppelt.

Im Bereich molekulare Diagnose, der immer größere Bedeutung erlangt, hat das Unternehmen mit der Elektrohybridisation eine eigene

Technologie entwickelt. Hier handelt es sich um ein Verfahren, bei dem Biomoleküle spezifisch und sensitiv identifiziert werden können. Für die Anwendung dieses Verfahrens will das Unternehmen eine Art Standard-Apparatur entwickeln, die für die Diagnose verschiedener Krankheiten genutzt werden kann. Weitere interessante Technologien sind die IDENT-Technologie und die biologische Ohrmarke, denen ein erhebliches Marktpotenzial zugetraut wird. Bei der biologischen Ohrmarke handelt es sich um ein Markierungsverfahren zum lückenlosen und zweifelsfreien Herkunftsnachweis von Nutztier und Fleisch.

Als „lab of strip" wird im Geschäftsfeld molekulare Diagnose ein schnelles, kostengünstiges und sicheres Verfahren für die Routinediagnose von Krankheiten in Labor und Praxis sowie am Krankenbett realisiert. Das Verfahren hängt eng zusammen mit der IDENT-Technologie. Die IDENT-Technologie wird zudem zusammen mit einem Erfinderkonsortium für die Anwendungsbereiche Identifikations-, Sicherheits- und Kodierungstechnik weiterentwickelt.

CHANCEN 	RISIKEN 
• Mehrere Technologien mit großen Zukunftschancen in der Entwicklung • Sollte nur eine der verfolgten Technologien erfolgreich sein, könnte sie das Unternehmen erheblich weiterbringen • Biologische Markierung ist in der Lebensmittelkennzeichnung von großer Bedeutung	• Das Unternehmen stellt Plattformtechnologien zur Verfügung, die nicht zu so spektakulären Kursgewinnen führen wie einzelne Wirkstoffe • Hohe Investitionen sind erforderlich, um Technologievorsprung halten zu können • Ein Gewinnausweis ist noch nicht abzusehen

OSI Pharmaceutical

Tätigkeit:	Forschung nach neuen Medikamenten
WKN:	873205
Börsen-Kürzel:	OSIP
Gründungsjahr:	k. A.
Adresse:	106 Charles Lindbergh Boulevard Uniondale New York, NY 11553-3649, USA
Telefon:	(0 01) 51 62 22-00 23
Fax:	(0 01) 51 62 22-01 14
Internet:	http://www.osip.com
Börsennotiz:	Nasdaq
Höchstkurs:	86,375 US-$
Tiefstkurs:	4,063 US-$

	2000	2001	2002
Ergebnis je Aktie (US-$)	– 0,524	– 1,052	– 1,21
Umsatz (Mio. US-$)	k. A.	k. A.	k. A.

OSI Pharmaceutical ist ein Pharma-Unternehmen, das sich darauf spezialisiert hat, neue Medikamente zu entdecken und zu entwickeln. Das geschah bislang überwiegend durch Auftragsforschung für große Pharma-Unternehmen wie Pfizer, Novartis, Aventis. Seit einiger Zeit ist die Firma aber verstärkt in die Forschung für eigene Projekte eingestiegen.

OSI hat mit OSI-774 einen Wirkstoff gegen das Schlüssel-Krebsgen RAS gefunden, der sich in Phase II der klinischen Erprobung befindet. Es handelt sich hier um ein Konkurrenzpräparat von C-225 (von ImClone), denen beiden Blockbuster-Qualitäten zugeschrieben werden. OSI-774 hemmt wie C-225 den »Epidermal-Growth-Factor«, wird aber anders als C-225, das injiziert werden muss, oral verabreicht.

Ein weiteres wichtiges Mittel ist CP-609-754, das zusammen mit Pfizer entwickelt wird. Weitere Gemeinschaftsprodukte mit Pfizer sind ein Mittel zur Senkung des Cholesterinspiegels und ein Herzmittel.

Diese Präparate sollen im Laufe des Jahres 2001 in die klinische Erprobung gehen.
OSI hat darüber hinaus eine prall gefüllte Produktpipeline. Insgesamt beschäftigt sich das Unternehmen mit der Entdeckung und Entwicklung von Medikamenten für über 40 Anwendungen. Die Aktie ist in verschiedenen US-Biotech-und Healthcare-Fonds vertreten. Im März 2000 verfügte das Unternehmen über liquide Mittel und kurzfristig verfügbare Geldanlagen von 86,5 Millionen US-Dollar. Die Cash-Burn-Rate betrug nach Firmenangaben 2000 10 bis 11 Millionen Dollar und sollte auch in den nächsten Jahren dieses Niveau nicht überschreiten. Noch wird kein eigenes Produkt vermarktet, aber Einnahmen fließen aus sehr vielen Quellen: Einnahmen aus Kooperationen, Milestone-Zahlungen, Erfolgshonoraren, Lizenzgebühren für Projekte, die von Partnern fortgeführt werden, und Lizenzeinnahmen aus dem Verkauf von Produkten.

CHANCEN

- Zusammenarbeit mit einer Vielzahl von renommierten Pharmafirmen
- Auftragsforschung und eigene Forschung reduzieren die Risiken
- Sehr interessantes Krebsmittel mit Eignung zum Blockbuster
- In einigen Fonds – auch Nicht-Biotech-Fonds – vertreten
- Hohe liquide Mittel bei geringer Cash-Burn-Rate

RISIKEN

- Anleger beklagen mangelnde Publizität bei Gemeinschaftsprojekten
- In der Krebsforschung starke Konkurrenzprodukte
- Verlust je Aktie steigt in den kommenden beiden Jahren und geht erst 2003 auf 2000er-Niveau zurück
- Gewinne erst für 2004 abzusehen

Oxford GlycoSciences plc

Tätigkeit:	Proteomik
WKN:	913 643
Börsen-Kürzel:	OXY
Gründungsjahr:	1988
Adresse:	10 The Quadrant, Abingdon Science Park
	Abingdon, OX 143YS, Großbritannien
Telefon:	(00 44) 12 35 54 32 00
Fax:	(00 44) 12 35 54 32 50
Internet:	http://www.ogs.com
Börsennotiz:	London
Höchstkurs:	32,775 GBp
Tiefstkurs:	4,06 GBp

	2000	2001	2002
Ergebnis je Aktie (GBp)	k.A.	k.A.	k.A.
Umsatz (Mio. GBp)	k.A.	k.A.	k.A.

Oxford GlycoSciences erregte im September 2000 große Aufmerksamkeit durch die angekündigte Zusammenarbeit mit dem Erzrivalen Cambridge Antibody Technology. Oxford GlycoSciences ist eines der führenden Unternehmen im Bereich der Proteomik und verfügt über eine umfangreiche Proteindatenbank möglicher neuer Medikamente, die zusammen mit dem US-Unternehmen Incyte Genomics aufgebaut wurde. Die Datenbank ist für Pharma-Firmen von großer Bedeutung, enthält sie doch Informationen über mehr als 1000 Proteine, die im Verdacht stehen, Krebs oder Entzündungen hervorzurufen.

Auf der anderen Seite enthält die von Cambridge Antibody Technologies geführte Datenbank Informationen von Antikörpern, die diese krankheitserregenden Proteine zerstören. Durch Abgleichung beider Datenbanken erhoffen sich beide Unternehmen erhebliche Synergieeffekte bei der Suche nach neuen Präparaten.

Das am weitesten fortgeschrittene Mittel von Oxford Glyco Sciences ist Vevesca gegen die Gaucherkrankheit (ein Enzym-Defekt, der schwere, meist tödlich verlaufende Stoffwechsel-Erkrankungen zur Folge hat). Bei der bisher üblichen Behandlung, die pro Jahr für jeden Erkrankten rund 4 000 000 Mark kostet, werden dem Patienten Ersatzenzyme injiziert. Die FDA hat Vevesca darum den Orphan-Drug-Status eingeräumt. Die Zahl der Kranken ist recht klein.

Anfang Oktober entdeckte Oxford Glyco Sciences ein neues Protein, das die die Bildung von Metastasen von Krebsgeschwülsten im menschlichen Körper verursachen soll. Die Wissenschaftler sollen auch einem Wirkstoff auf der Spur sein, der dieses Enzym blockiert.

Eine Reihe von Firmen nutzen die Technologie der Oxforder. So wird gemeinsam mit dem US-Pharma-Konzern Pfizer nach einem Medikament gegen Alzheimer geforscht, mit Merck nach einem Präparat gegen Zucker, mit Bayer nach einem Mittel gegen Erkrankungen der Atemwege. Die internationale Verflechtung mit Pharma-Firmen zeigt sich auch darin, dass der Verwaltungsrat aus Vorstandsmitgliedern US-amerikanischer und britischer Pharma-Unternehmen besteht.

Der Break-Even der Firma wird 2002 erwartet. Im Jahr 2000 dürfte sich der Verlust aber noch weiter erhöht haben. Immerhin hat das Unternehmen aber 90 Millionen Euro liquider Mittel in der Firmenkasse. Anfang 2001 ist das Zweitlisting an der Nasdaq vorgesehen.

CHANCEN 	RISIKEN 
• Viel versprechende Kooperationen mit internationalen Pharma-Konzernen • Profitiert von der Entschlüsselung des Erbgutes • Zusammenarbeit mit Cambrigde Antibody Technologies verbessert Chancen auf gute Forschungsergebnisse • Genug liquide Mittel, um längere Durststrecke zu überwinden	• Noch kein Produkt, das marktreif ist • Hohe Bewertung allein durch die Datenbank nicht gerechtfertigt • 2001 wird der Verlust noch einmal zunehmen • Viel Fantasie auf künftige Forschungserfolge vorweggenommen

Pharming Group NV

Tätigkeit:	Transgene Technologien und Produkte
WKN:	915212
Börsen-Kürzel:	PHAR
Gründungsjahr:	1988
Adresse:	P. O. Box 451
	2300 AL Leiden, Niederlande
Telefon:	(00 31) 7 15 24 74 00
Fax:	(00 31) 7 15 21 65 07
Internet:	http://www.pharming.com
Börsennotiz:	Amsterdam
Höchstkurs:	29,98 Euro
Tiefstkurs:	7,45 Euro

	2000	2001	2002
Ergebnis je Aktie (Euro)	– 1,17	– 0,45	0,25
Umsatz (Mio. Euro)	21,0	29,1	46,82

Pharming hat aus der Not eine Tugend gemacht und sich als Nischenanbieter etabliert. Das niederländische Unternehmen stellt therapeutische Produkte aus der Milch transgener Tiere her. Bekannt wurde die Firma durch die Schöpfung des ersten transgenen männlichen Rindes. Durch die Schaffung transgener Tiere entsteht eine schier unerschöpfliche Quelle für therapeutische Peptide. Da diese Technologie allerdings in der Öffentlichkeit und auch bei den Investoren noch immer auf Ablehung stößt, hat sich das Unternehmen erst einmal auf Krankheiten mit Orphan-Status wie die Pompe-Krankheit fokussiert, für die kleine transgene Tiere (Kaninchen) ausreichen. Durch den Orphan-Status wird die Forschung gegen Krankheiten gefördert, unter denen nur eine begrenzte Zahl von Patienten leiden. Durch diese Förderung (zum Beispiel Vertriebsschutz, Steuervorteile) soll die Therapierung auch seltener Erkrankungen ermöglicht werden.

Bei der Pompe-Krankheit handelt es sich um einen Glykogenspeicherdefekt, der zu einem Mangel des Enzyms Alpha-Glukosidase führt. Dieser hat eine Ansammlung des Giftstoffes Glykogen im Herzmuskel zur Folge. Die Krankheit, die häufig bei Kindern auftritt, aber auch bei Erwachsenen vorkommt, verläuft tödlich. Erste Phase-II-Tests mit aus der Milch transgener Kaninchen gewonnener Alpha-Glukosidase an vier Kleinkindern waren sehr positiv.

Die Haupteinnahmen erzielt Pharming derzeit aus einem Kooperationsvertrag mit Genzyme Generale (Genzyme hat sich auf Therapeutika mit Orphan-Status spezialisiert) zur Enwicklung transgener Alpha-Glukosidase. Im Rahmen dieser Vereinbarung erhält Pharming Zuschüsse zu den Entwicklungskosten, eine Milestone-Zahlung bei Genehmigung des Mittels und eine Gewinnbeteiligung von 50 Prozent, wenn das Medikament Verkaufserlöse erzielt.

Auf lange Sicht will das Unternehmen aus der Massenproduktion von rekombinanten Produkten und Plasmaprodukten von Kühen Gewinne erzielen. Wegen des Klon-Verbots in den Niederlanden werden Gen-Kaninchen in Belgien und geklonte Kühe in Finnland gehalten. In den USA betreibt das Unternehmen eine Farm für transgene Rinder.

CHANCEN 	RISIKEN 
Zusammenarbeit mit Genzyme, dem Spezialisten für Mittel mit Orphan-Status	Mögliche Patentprobleme bei der Erzeugung transgener Rinder
Medikamente für kleine Patientengruppen sind aufgrund besonderer Fördermaßnahmen durchaus attraktiv	Pompe-Krankheit ist schwerer diagnostizierbar als andere Krankheiten mit Orphan-Status
Möglicher Hauptkonkurrent aus Israel wurde gemeinsam mit Genzyme übernommen	
Medikament gegen erbbedingte Immunkrankheiten kann interessant werden	

PowderJect Pharmaceuticals plc

Tätigkeit:	Alternative Injektionssysteme
WKN:	907442
Börsen-Kürzel:	PJP
Gründungsjahr:	1993
Adresse:	The Oxford Science Park
	Oxford, Großbritannien
Telefon:	(00 44) 18 65 33 26 00
Fax:	(00 44) 18 65 33 26 01
Internet:	http://www.powderject.com
Börsennotiz:	London
Höchstkurs:	10,20 GBp
Tiefstkurs:	3,625 GBp

	2000	2001	2002
Ergebnis je Aktie (GBp)	– 0,20	– 0,23	– 0,12
Umsatz (Mio. GBp)	8,1	12,0	23,8

Das Unternehmen basiert auf einem Konzept, das an der Universität Oxford entwickelt wurde: Mit PowderJect können Arzneimittel schmerzfrei mithilfe einer Überschallinjektion durch die Haut gespritzt werden. Das Unternehmen hat gute Chancen, dieses System zu einem allgemein genutzten Industriestandard auszubauen und zu einem Markenzeichen zu machen. Mithilfe von PowderJect können u. a. DNA-Impfstoffe injiziert werden.

Die ersten Ergebnissse deuten darauf hin, dass die Wirkung von herkömmlichen Impfstoffen durch das PowderJect-System verbessert werden kann. Die Vorteile liegen darin, dass der Gasdruck und die Düsenform variiert werden können. Über Datenbanken können die unterschiedlichen Ergebnisse ausgewertet und zu einer Optimierung der Verabreichung genutzt werden.

Bei der Verabreichung von DNA-Impfstoffen besteht eine Zusammenarbeit mit Glaxo Wellcome, dem britischen Pharma-Konzern, der auch 6,7 Prozent der Aktien hält. Durch den Einstieg in die »Smart Particle«-Technologie sollen Partikel kleiner Größe und bestimmter Konsistenz entwickelt werden, die das Produktportfolio erweitern.

Interessant erscheint die Forschungspipeline. Mit Lidocaine befindet sich ein Anästethikum in einer Phase-II-Studie. Das Mittel soll in der nadellosen lokalen Betäubung Anwendung finden, einem Markt, der auf ein Volumen von 900 Millionen US-Dollar geschätzt wird. Bei Lidocaine arbeitet das Unternehmen mit Celltech (Lizenznehmer) zusammen.

Gegen Erektionsstörungen des Mannes hat das Unternehmen den Wirkstoff Alprostadil entwickelt, dessen Effektivität durch die direkte Einspritzung in den Penis erheblich gesteigert werden kann. Mit der schmerzfreien Injektion durch PowderJect könnte die Angst vieler Männer gegen die Einspritzung in den Penis überwunden werden. Eine erste erfolgreiche Phase-II-Studie liegt vor. In der klinischen Phase II befinden sich DNA-Impfstoffe für die Hepatitis B-Prophylaxe (zusammen mit Glaxo Wellcome). Dieser Markt von 1 Milliarde Dollar wird bislang von SmithKline und Merck beherrscht. Der Vorteil gegenüber Konkurrenzprodukten liegt bei PowderJect darin, dass geringe Mengen DNA benötigt werden und die Zellen zielgenau ausgewählt werden können.

Im Frühstadium der klinischen Erprobung befindet sich ein Impfstoff von PowerJect zur Behandlung von Hautkrebs (malignes Melanom).

CHANCEN ●●○○○	RISIKEN ●●●●○
Zusammenarbeit mit großen Pharma-Konzernen	Positiver Cashflow erst 2004 zu erwarten
Weitere Vertragsabschlüsse und Kooperationen sind zu erwarten	Alle Produkte erst in Phase II
Starke Marktposition und Ausbau des alternativen Injektionssystems zu Industriestandard möglich	Verzögerung der Zulassung für den Gesamtmarkt bei Lidocaine durch Konzentration auf Pädiatrie
Erweiterung des Produktportfolios	

Qiagen

Tätigkeit:	Reinigung von Nukleinsäuren
WKN:	901626
Börsen-Kürzel:	QIA
Gründungsjahr:	1984
Adresse:	Max-Volmer-Straße 4
	40724 Hilden
Telefon:	(0 21 03) 29 12 00 00
Fax:	(0 21 03) 29 22 00 00
Internet:	http://www.qiagen.com
Börsennotiz:	Neuer Markt
Höchstkurs:	61,30 Euro
Tiefstkurs:	15,72 Euro

	2000	2001	2002
Ergebnis je Aktie (US-$)	0,67	1,00	1,47
Umsatz (Mio. US-$)	197,00	265,50	373,98

Qiagen ist weltweit Marktführer zur Reinigung von Nukleinsäuren und das einzige Biotech-Unternehmen des Neuen Marktes, das mit Gewinn arbeitet. Zudem gehört Qiagen zu den größten Biotech-Unternehmen und hat als erstes Neuer-Markt-Unternehmen auch die Zulassung für den Handel an der Nasdaq, der US-Technologie-Börse, erreicht.

Die Produktpalette umfasst 280 Produkte zur Trennung, Reinigung und Anwendung von Nukleinsäuren. Die Technologie von Qiagen bringt eine erhebliche Zeit- und damit Kostenersparnis gegenüber den bisher vorherrschenden Methoden konventioneller Art. Die Qualität des Qiagenverfahrens hat zudem dazu geführt, dass das Unternehmen neue Standards in der Reinheit der gewonnenen Nukleinsäuren gesetzt hat. Vor allem im Bereich Molekularbiologie und Genomik spielt die Reinheit der Nukleinsäuren eine erhebliche Rolle. Durch eine Vielzahl von Patenten hat Qiagen eine marktbeherrschende Position errungen. Die

Konkurrenten sind nicht in der Lage, ohne die Qiagen-Patente ein adäquates Produkt zu liefern.

Über Kooperationen und strategische Partnerschaften gelang es dem Unternehmen, seine Marktstellung weiter auszubauen. So werden zum Beispiel Lösungsmittel, die für Affymetrix optimiert worden sind, mit Affymetrix zusammen vermarktet. Der Technologievorsprung bringt es mit sich, dass die Markteintrittsbarrieren für künftige Konkurrenten sehr hoch sind. Zudem sollte das Unternehmen durch die Erschließung neuer Märkte in der Genomik, der molekularen Diagnostik und der Gentherapie auch in Zukunft ein starkes Wachstum erzielen. Im ersten Quartal 2000 hat Qiagen mit der Qiagen Genomics Inc. eine Tochter in den USA gegründet, die integrierte Werkzeuge für den Nachweis, die Auswertung und die Reinigung von Nukleinsäuren entwickeln soll.

Durch den Erwerb von Operon Technologies Inc. in den USA, die im Bereich synthetischer Nukleinsäuren eine führende Stellung hat, ergeben sich nach Ansicht von Analysten weitere interessante Perspektiven.

Den wichtigsten Geschäftsbereich stellen mit einem Anteil von 75 Prozent am Umsatz Researchprodukte dar. Für Fantasie sorgt aber vor allem die Gentherapie. Weil dort die Nukleinsäure selbst das Medikament ist, sind Qualität und Reinheit der getrennten Nukleinsäuren ein ganz wichtiger Faktor, meinen die Analysten von WestLB Panmure.

CHANCEN 	RISIKEN
Laufend hoher Cashflow macht unabhängig vom Kapitalmarkt	Traditionell sehr hoch bewertet
Wegen der Technologieführerschaft gibt es praktisch keine Konkurrenz	Erhebliche Verluste sind nicht auszuschließen, wenn die Börse einmal enttäuscht werden sollte
Hervorragendes Management und sehr gutes Vertriebsteam	Wenn es gelingen sollte, ein neues Verfahren zur Reinigung von Nukleinsäuren zu entwickeln, wackelt die Marktstellung
Gewinnwachstum von 40 Prozent wird auf Jahre prognostiziert	
Hoher Qualitätsstandard und hervorragende Marktstellung	Starke Abhängigkeit von den führenden Köpfen im Management

Rhein Biotech NV

Tätigkeit:	Biotech-Zulieferer
WKN:	919544
Börsen-Kürzel:	RBO
Gründungsjahr:	k. A.
Adresse:	Gaetano Martinolaan 95
	6229 GS Maastricht, Niederlande
Telefon:	(00 31) 4 33 56 78 90
Fax:	(00 31) 4 33 56 78 99
Internet:	http://www.rheinbiotech.com
Börsennotiz:	Neuer Markt
Höchstkurs:	200 Euro
Tiefstkurs:	24 Euro

	2000	2001	2002
Ergebnis je Aktie (Euro)	1,85	1,00	1,95
Umsatz (Mio. Euro)	56,50	80,20	89,90

Rhein Biotech hat sich auf die biotechnologische Produktion von rekombinanten Proteinen spezialisiert. Dabei handelt es sich um das Auseinanderschneiden und Neuzusammensetzen von DNS aus verschiedenen Abschnitten von Nukleinsäuren. Die rekombinanten Proteine werden in der Gentherapie und zur Herstellung neuer Heilmittel verwendet.

Rhein Biotech hat eine eigene Technologie zur kostengünstigen und höchst effektiven Herstellung von Wirkstoffen entwickelt. Gewonnen werden diese durch eine Hefe (Hansenula polymorpha). Das wichtigste Produkt, ein Hepatitis-B-Impfstoff, wird mit dieser Plattformtechnologie hergestellt.

1999 wurde ein Meilenstein in der Unternehmensgeschichte geschaffen, als für diesen Impfstoff mit dem weltgrößten Impfstoffhersteller Aventis ein Lizenzvertrag abgeschlossen wurde. Danach darf Aventis die Hefe-Expressionstechnologie zur Herstellung des Hepatitis-B-Impfstoffes nutzen.

In Kooperation mit La Roche entwickelte das Unternehmen ein Produktionsverfahren für das Enzym Phytase, das Phosphat aus Tierfutter abspaltet und damit für das Tier verwertbar macht. Für die BASF Knoll AG entwickelte Rhein Biotech ein Verfahren zur Produktion von rekombinantem Hirudin, einem Gerinnungshemmer, der präventiv gegen Thrombosen und Herzinfarkt eingesetzt werden kann.

Ein regelrechter Quantensprung – so die Analysten der WestLB – war der Erwerb von 80 Prozent der Anteile des koreanischen Impfstoffherstellers Green Cross Vaccine Corporation. Damit wandelte sich Rhein Biotech von einem Technologieanbieter zu einem integrierten Bio-Pharma-Unternehmen, das die gesamte Wertschöpfungskette abdeckt. Durch den Zukauf wurde Rhein Biotech mit einem Schlag zum drittgrößten Impfstoffhersteller der Welt und hat sich für die künftige Expansion hervorragend positioniert.

CHANCEN ●●●○	RISIKEN ●●●○○
• Durch Zukauf von Green Cross Vaccine Corporation hat sich das Unternehmen völlig neu positioniert • Zwei Jahre früher als erwartet erreichte die Firma 2000 die Gewinnzone • Breit gefächertes Produktportfolio an Impfstoffen • Kooperationen mit großen Pharma-Firmen	• Als nunmehr ernst zu nehmende Konkurrenz von Aventis und Merck sind weitere Akquisitionen erschwert • Die Großen verfolgen die weiteren Schritte von Rhein Biotech mit Argusaugen • Der Gewinnrückgang 2001 könnte Anleger irritieren, ist aber auf den durch außerordentliche Erträge aufgeblähten Gewinn 2000 zurückzuführen

Sanochemia Pharmazeutika AG

Tätigkeit:	Entwicklung von Medikamenten gegen Erkrankungen des zentralen Nervensystems
WKN:	919963
Börsen-Kürzel:	SAC
Gründungsjahr:	1869
Adresse:	Boltzmanngasse 11 A-1090 Wien, Österreich
Telefon:	(00 43) 1 31 91 45 60
Fax:	(00 43) 13 19 14 56 44
Internet:	http://www.sanochemia.at
Börsennotiz:	Wien
Höchstkurs:	103 Euro
Tiefstkurs:	16,95 Euro

	2000	2001	2002
Ergebnis je Aktie (Euro)	– 0,13	– 0,04	0,51
Umsatz (Mio. Euro)	19,1	30,98	48,57

Sanochemia hat seinen Schwerpunkt bei Medikamenten gegen Erkrankungen des zentralen Nervensystems. Sanochemia setzt vor allem auf das pflanzliche Produkt Galantamin, dessen Bedeutung für die Bekämpfung der Alzheimerkrankheit das Wiener Unternehmen früh erkannt hat. Galantamin ist bereits seit 1970 für verschiedene Indikationen auf dem Markt. Das Gebrauchspatent für diesen pflanzlichen Wirkstoff liegt zwar bei Shire Pharmaceuticals, aber Sanochemia hat das Patent auf die Herstellung der synthetischen Version der pflanzlichen Verbindung. Die bevorstehende Markteinführung des Galantamin-Präparats Reminyl in Europa wird dem Unternehmen beträchtlichen Auftrieb geben. Reminyl kann die Ursachen von Alzheimer nicht bekämpfen, bringt aber ähnlich wie das schon lange auf dem Markt befindliche Produkt Aricept von

Pfizer/Eisai eine deutliche Linderung der Symptome. Auch die Zulassung des Mittels in den USA steht unmittelbar bevor. Vermarktet wird Reminyl von Janssen und Shire, aber als alleiniger Hersteller wird Sanochemia erhebliche Lizenzeinnahmen erhalten. Diese laufen bis 2014 (Ablauf des Patents).

Die Wirkung von Reminyl ist ähnlich wie die von Aricept: Es erhöht die Konzentration des neuralen Signalmoleküls. Während Aricept aber lediglich den Abbau hemmt, erhöht Reminyl die Freisetzung von Acetylcholin im menschlichen Körper. Diese Doppelwirkung muss allerdings noch durch Studien belegt werden, doch in der Arzneimittelkennzeichnung darf auf diese bereits hingewiesen werden.

Außerdem hat das Unternehmen mit dem Muskelrelaxans SPH 3047 ein Mittel gegen Rückenschwerzen, das gegenüber vergleichbaren Medikamenten weit weniger Nebenwirkungen hat. Das Mittel ist in Osteuropa schon lange auf dem Markt, wurde aber nie in den USA zugelassen. Weil Sanochemia die Zulassung in den USA als erstes Unternehmen beantragt hat, wird das österreichische Unternehmen ein zehn Jahre dauerndes exklusives Vermarktungsrecht in den USA erhalten.

CHANCEN 	RISIKEN 
• Sehr interessante Produkte zur Linderung von Alzheimer und gegen Rückenschmerzen • Für SPH 3047 erhält das Unternehmen das zehnjährige Exklusivvertriebsrecht in den USA • Lizenzeinnahmen für Alzheimer-Produkt bis 2014 gesichert • Unternehmen erreicht 2002 die Gewinnschwelle • Starke finanzielle Basis	• An Mitteln gegen Alzheimer wird weltweit gearbeitet, Konkurrenzprodukte können die Einnahmeprognosen hinfällig machen • Kein Mittel in der Pipeline, das zu einem Umsatzrenner werden könnte

Sartorius AG

Tätigkeit:	Biotechzulieferer
WKN:	716563
Börsen-Kürzel:	SRT
Gründungsjahr:	1870
Adresse:	Weender Landstraße 94 – 108
	37075 Göttingen
Telefon:	(00 49) 5 51 30 80
Fax:	(00 49) 55 13 08 32 89
Internet:	http://www.sartorius.de
Börsennotiz:	Frankfurt
Höchstkurs:	12 Euro
Tiefstkurs:	5,72 Euro

	2000	2001	2002
Ergebnis je Aktie (Euro)	0,76	0,87	k. A.
Umsatz (Mio. Euro)	300	k. A.	k. A.

Sartorius zählt zu den Unternehmen, die die Schnittstellen zwischen Zulieferern der Biotech-Branche und echten Biotech-Unternehmen bilden. Dem Biotech-Bereich ist aber nur die Separationstechnik zuzurechnen. Der Umsatzschwerpunkt des Unternehmens liegt noch immer bei dem ursprünglichen Geschäft, der Wägetechnik.

Der Geschäftsbereich Separationstechnik wuchs 1999 überdurchschnittlich um 12,8 Prozent auf 104 Millionen Euro. Der Gewinn aus diesem Bereich (EBIT) kletterte sogar um 28,8 Prozent. Insgesamt lag der Zuwachs der Sparte über dem Marktwachstum.

Zum Teil ist das starke Wachstum auf Firmenübernahmen zurückzuführen, für die das Unternehmen 1999 17,3 Millionen Euro aufwandte. Im Bereich Separationstechnik wurde die deutsche Firma Filtrak übernommen und zunächst eine 76-Prozent-Beteiligung an Vivascience (Großbritannien) erworben. Zum 1. September 2000 hat Sartorius auch die restlichen 24 Prozent von Vivascience übernommen. Diese Transaktion begründet die Sartorius-Firmenleitung ausdrücklich mit der Rolle des Unternehmens als führendem Biotech-Zulieferer und mit dem geplanten Ausbau dieses Geschäftsfeldes.

Durch die Firmenkäufe wurde das Produktportfolio durch die Anwendungsgebiete Ultrafiltration und Papierfiltration für die biotechnische Forschung und die Laboranalytik erweitert. Die wichtigsten Kunden von Sartorius kommen aus der chemischen und pharmazeutischen Industrie, der Biotechnologie und der Getränkeindustrie.

Im Bereich der Wägetechnologie stieg der Umsatz um 7,7 Prozent. Die Wägetechnik bleibt aber mit 157 Millionen Euro noch das wichtigste Standbein von Sartorius. Hier profitierte das Unternehmen von der Konjunkturbelebung. Auch im Bereich Wägetechnologie kam es zu wichtigen Akquisitionen: Erstmals konsolidiert wurden hier die Umsätze der Firmen Denver Instrument Co und GWT Global Weighing Technologies GmbH.

CHANCEN 	RISIKEN 
• Stärkung des Biotech-Bereichs durch interessante Akquisitionen • Möglicher Börsengang von Vivascience (Neuer Markt) setzt Mittel zu weiteren Firmenkäufen frei • Integration von B. Braun Biotech International (führende Stellung in Asien) verstärkt die Position in Asien • Durch Gründung einer Tochter in Dänemark wird der starke Pharma- und Biotech-Markt des Landes erreicht • Die Bewertung ist moderat im Vergleich zu anderen Biotechzulieferern	• Die Umsätze mit der Biotechnologie machen noch weniger als die Hälfte des Umsatzes aus • Die Expansion im Ausland bringt auch zusätzliche Risiken mit sich • Wägetechnik ist stärker konjunkturabhängig als Biotechnologie

Shire Pharmaceuticals Group plc

Tätigkeit:	Entwicklung von Medikamenten auf biotechnischer Basis
WKN:	904 355
Börsen-Kürzel:	SP2A
Gründungsjahr:	1986
Adresse:	East Auton, Andover Hampshire, SP 10 5 R6, GB
Telefon:	(00 44) 12 64 33 34 55
Fax:	(00 44) 12 64 33 34 60
Internet:	http://www.shiregroup.com
Börsennotiz:	London
Höchstkurs:	14,27 GBp
Tiefstkurs:	5,975 GBp

	2000	2001	2002
Ergebnis je Aktie (GBp)	0,68	0,99	1,38
Umsatz (Mio. GBp)	522	647	801

Shire war ursprünglich eine kleine Entwicklungsfirma in Großbritannien. Die Erfolgsgeschichte von Shire begann mit dem Wechsel von Rolf Stahel, der vom Pharma-Unternehmen Wellcome kam und neuer Chef bei Shire wurde. Er stukturierte das Unternehmen völlig um, unter seiner Führung wurde die Bedeutung von Galantamin zur Linderung von Alzheimer erkannt.

Alle Entwicklungsanstrengungen wurden auf diese zunächst pflanzliche Substanz konzentriert, mittlerweile wurde ein entsprechendes Medikament zugelassen, das zusammen mit Johnson & Johnson vermarktet wird. Dadurch gelang es dem Unternehmen, die allzu starke Abhängigkeit von dem Mittel Alderall zu lösen (Konzentrationsmangel, Hyperaktivität). Dieses Medikament kam durch die Übernahme des

US-Unternehmens Richwood zu Shire. Das Unternehmen ist derzeit dabei, ein internationales Vertriebsnetz aufzubauen. Dadurch könnte es eine interessante Vertriebsplattform für mittlere Produkte anderer kleinerer Unternehmen werden. Das Unternehmen verfügt zudem über eine breite Produktionspalette, die gute Wachstumsaussichten verspricht. Hierzu gehören Pentesa, ein entzündungshemmendes Mittel, das vor allem gegen Entzündungen des Dickdarms wirkt, und Agrylin, das für eine Vielzahl von Indikationen Anwendung findet, wie die Überproduktion von Thrombozyten und spontane Blutungen.

In der Pipeline befindet sich Dirame, ein neues Opioid-Analgetikum zur oralen Verabreichung gegen mäßige und schwere Schmerzen mit vergleichsweise geringen Nebenwirkungen. Weiter arbeitet das Unternehmen an dem Mittel SPD 424, einem Medikament zur Behandlung von Prostatakrebs. Es tritt gegen Zoladex und Luprion an, die auf dem US-Markt dominieren, deren Verabreichung aber sehr schmerzhaft ist. SPD 424 wird subkutan verabreicht und das nur einmal im Jahr.

CHANCEN ●●●○○	RISIKEN ●○○○○
• Breite Palette am Markt befindlicher Medikamente • Eine Vielzahl von Produkten in der Pipeline • Arbeitet schon lange profitabel • Sehr gutes Management, das die Chancen von Gantamin schnell erkannt hat	• Keine Produkte in der Pipeline, die ausgesprochene Absatzrenner werden könnten • Aktie wird traditionell im Vergleich zu Konkurrenzunternehmen niedrig bewertet • Shire betätigt sich in einem sehr wettbewerbsintensiven Markt • Noch kein eigenes Produkt in der klinischen Entwicklung

Transkaryotic Therapies, Inc.

Tätigkeit:	Proteinforschung, Entwicklung von Heilmitteln
WKN:	303363
Börsen-Kürzel:	TRY
Gründungsjahr:	1988
Adresse:	195 Albany Street
	Cambrigde, MA 02139, USA
Telefon:	(0 01) 61 73 49 02 00
Fax:	(0 01) 61 74 91 79 03
Internet:	http://www.tktx.com
Börsennotiz:	Nasdaq
Höchstkurs:	28 US-$
Tiefstkurs:	16,813 US-$

	2000	2001	2002
Ergebnis je Aktie (US-$)	– 0,283	2,05	1,9
Umsatz (Mio. US-$)	k. A.	k. A.	k. A.

Transkaryotic Therapies verfügt über eine umfangreiche Pipeline von menschlichen Protein-Therapeutika. Das Unternehmen hat drei Technologieplattformen: Gen-aktivierte Proteine, Nischen-Proteine und Gentherapie. Die Technologie von Transkaryotic Therapies, Gen-aktivierte (GA) Proteine herzustellen, basiert nicht auf der Manipulation geklonter Gene, sondern ermöglicht die Produktion therapeutischer Proteine aus humanen Zelllinien in großem Umfang. Das Unternehmen arbeitet an GA-Epogen zur Behandlung von Blutarmut durch Nierenversagen. Das Präparat soll Aventis vermarkten. Um das Epogen geht der Patentstreit mit Amgen. Amgen nimmt das Patent in Anspruch für jedes Epogen, gleichgültig wie es hergestellt ist und für welche Behandlung es vorgesehen ist. Transkaryotic und Aventis argumentieren, das Amgen-Patent könne sich nur auf einen bestimmten Herstellungsprozess beziehen, aber nicht grundsätzlich die Substanz beinhalten.

Im Bereich Nischen-Proteine konzentriert sich das Unternehmen auf die Entwicklung metabolistischer Enzyme, die bei bestimmten genetisch bedingten Erkankungen nicht oder nicht im erforderlichen Maße gebildet werden. In der klinischen Phase II befindet sich ein Medikament gegen die Fabry-Krankheit, das Hunter-Syndrom und die Gaucher-Krankheit sowie andere seltene, genetisch bedingte Stoffwechsel-Erkrankungen.

In der Gentherapie ist die Gesellschaft darauf fokussiert, Patientenzellen so zu verändern, dass sie das gewünschte therapeutische Protein produzieren. Geforscht wird zum Beispiel an der Entwicklung eines Proteins, mit dem die Bluterkrankheit geheilt werden kann. Die klinische Erprobung eines solchen Präparats, das den Gerinnungsfaktor VIII zu erzeugen hilft, befindet sich in Phase I.

Insgesamt hat das Unternehmen 15 Produkte, an denen geforscht wird.

CHANCEN 	RISIKEN 
• Eine breite und attraktive Produktpalette, an der geforscht wird – mit Aussicht auf Marktzulassungen • Schon im Jahr 2002 wird die Gewinnschwelle nach Analystenschätzungen überschritten werden • Vertriebszusammenarbeit mit Aventis, einem der führenden großen, weltweit operierenden Pharma-Konzerne • Gewinne steigen nach Erreichen schwarzer Zahlen nach Analystenschätzung kräftig	• Patentstreit mit Amgen belastet die Aussichten bei dem am weitesten fortgeschrittenen Produkt • Die anderen Produkte haben bei weitem nicht das Marktpotenzial von GA-Epogen

United Therapeutics Corp.

Tätigkeit:	Entwicklung von Medikamenten gegen Kreislauferkrankungen
WKN:	923818
Börsen-Kürzel:	UTHR
Gründungsjahr:	1998
Adresse:	1110 Spring Street Silver Spring, MD 20910, USA
Telefon:	(0 01) 30 16 08 92 92
Fax:	(0 01) 30 16 08 92 91
Internet:	http://www.unither.com
Börsennotiz:	Nasdaq
Höchstkurs:	132 US-$
Tiefstkurs:	32,75 US-$

	2000	2001	2002
Ergebnis je Aktie (US-$)	k. A.	– 2,317	– 1,692
Umsatz (Mio. US-$)	k. A-	k. A.	k. A:

United Therapeutics entwickelt synthetische Analoga des natürlich vorkommenden, aber instabilen Hormons Prostacyclin. Dieses wird eingesetzt zur Behandlung von Herz-Kreislauf-Erkrankungen und des pulmonalen Bluthochdrucks. Das natürlich vorkommende Prostacyclin hat aber nur eine Halbwertzeit von wenigen Minuten und muss deshalb über einen Katheter in gekühlter Form verabreicht werden. Das ist nicht nur schmerzhaft und unangenehm, sondern birgt auch die Gefahr schwerer Infektionen in sich. Das Mittel muss immerhin täglich verabreicht werden.

Dagegen hat das synthetische Hormon, das unter dem Produktnamen Uniprost vertrieben wird, eine Halbwertzeit von 45 Minuten und kann unter die Haut (subkutan) injiziert werden. Damit wird die Entzündungsgefahr erheblich gemindert. Die Phase-III-Erprobung für die

Indikation pulmonaler Bluthochdruck wurde erfolgreich abgeschlossen. Die US-Zulassungsbehörde hat dem Medikament den Priority-Review-Status verliehen. Das bedeutet, dass das Mittel bereits im ersten Halbjahr 2001 auf den Markt kommen kann. In der klinischen Erprobungsphase II befindet sich das Präparat für die Indikation Herz-Kreislauf-Erkrankungen.

Patienten, die am pulmonalen Bluthochdruck leiden, bilden ein für den Körper ungeeignetes Prostacyclin, das unter anderem zu Atemlosigkeit und Herzanfällen führen kann. Die Bedeutung von Uniprost sollte allerdings nicht überschätzt werden: In den USA und Europa sind nur schätzungsweise 55 000 Menschen davon betroffen. Das Hauptmittel Uniprost erhielt 1997 den Rang Orphan Drug Designation und 1998 den Orphan Drug Development-Zuschuss.

Das zweite Produkt von United Therapeutics ist Beraprost, ebenfalls ein Prostaclin-Analogon, das für periphere Kreislauf-Erkrankungen angewendet und oral verabreicht wird. Dieses Mittel befindet sich in den USA und Kanada in der Phase-III-Erprobung.

Chancen 	Risiken 
• Im ersten Halbjahr 2001 dürfte das erste Medikament des Unternehmens auf den Markt kommen.	• Der Kurs hat auf die guten Unternehmensnachrichten nicht reagiert
• Mehrere Mittel befinden sich in Phase-III-Erprobung	• Die Aktie wird nur von wenigen Analysten verfolgt, Schätzungen über die Gewinnentwicklung gibt es nicht
• Größere Position im Portfolio von BB Biotech	• Das Marktpotenzial der vom Unternehmen entwickelten Medikamente ist nur gering

Vertex Pharmaceuticals, Inc.

Tätigkeit:	Wirkstoffsuche auf biotechnischer und chemischer Basis
WKN:	882807
Börsen-Kürzel:	VRTX
Gründungsjahr:	1989
Adresse:	130 Waverly Street Cambrigde MA 02139, USA
Telefon:	(0 01) 61 75 77-60 00
Fax:	(0 01) 61 75 77-66 80
Internet:	http://www.vpharm.com
Börsennotiz:	Nasdaq
Höchstkurs:	39,25 US-$
Tiefstkurs:	11,69 US-$

	2000	2001	2002
Ergebnis je Aktie (US-$)	– 0,69	– 0,83	– 0,49
Umsatz (Mio. US-$)	74,6	101,0	122,1

Vertex entwirft, entwickelt und vermarktet Kleinmolekül-Wirkstoffe für verschiedene Indikationen wie Virusinfektionen, Krebs, Autoimmun-Krankheiten, Entzündungen und neurologische Defekte. Vertex bietet eine Plattform, die biologische, chemische, biophysische und informationstechnologische Ansätze integriert.

Der Vertex-Forschungsansatz wird von der Firma selbst als »Chemogenomics« beschrieben, die die medizinische Chemie und Molekularbiologie vereinigt, um die Medikamentenentwicklung zu beschleunigen und effizienter zu gestalten.

Die Produktivität der Forschungsabteilung von Vertex ist so groß, dass nicht alle Wirkstoff-Kandidaten selbst weiterverfolgt werden können. Das Unternehmen arbeitet daher mit Aventis, Glaxo Wellcome, Kissei, Novartis, Schering und Taisho zusammen. Diese Kooperationen sichern dem Unternehmen Einnahmen von insgesamt 1,43 Milliarden Dollar vor der Vermarktung von Produkten.

Große Aufmerksamkeit erregte unlängst ein Kooperationsvertrag, den Vertex mit dem Schweizer Chemieriesen Novartis abschließen konnte. Darin geht es um die Erforschung von Protein-Kinasen. Bis zur kommerziellen Verwertung sollen Vertex daraus 800 Millionen Dollar zufließen. Dabei handelt es sich nach Meinung von Marktkennern um die wichtigste Zusammenarbeit in der Biotechnologie zur Entdeckung neuer Wirkstoffe durch die Genomik und die Proteomik. Bekannt sind mehr als 500 Kinasen, die bei Krebs, Autoimmun- und Herz-Kreislauf-Erkrankungen eine Rolle spielen und von Novartis und Vertex erforscht werden sollen.

Vertex stellt den HIV-Protease-Inhibitor (gegen Aids) Agenerase her, der von Glaxo in den USA bereits vertrieben wird. Kanada, Europa und Japan sollten noch 2000 folgen. Mit Agenerase dürfte Vertex 2000 einen Umsatz von 75 bis 85 Millionen Dollar erzielt haben. 2001 werden es 100 Millionen sein, für 2002 werden 130 Millionen erwartet.

Fünf Medikamente hat Vertex in den klinischen Erprobungen der Phase II, unter anderem gegen verschiedene Krebsarten, Hepatitis C und Entzündungskrankheiten.

CHANCEN 	RISIKEN 
• Mit Agenerase acht Produkte in der klinischen Erprobung, davon fünf in der Phase II • Wird wahrscheinlich 2003 die Gewinnschwelle erreichen • Kooperation mit großen Pharma-Firmen • Leistungsfähige Forschungsabteilung	• Kurs ist bereits stark gestiegen, hat sich in zwölf Monaten versechsfacht • Hoch bewertet, wenn man bedenkt, dass erst 2003 Gewinne gemacht werden

Vical Inc.

Tätigkeit:	Entwicklung von Antikörpern zur Krebsbekämpfung
WKN:	886867
Börsen-Kürzel:	VICL
Gründungsjahr:	1987
Adresse:	9373 Towne Centre Drive San Diego, CA 92121 – 3088, USA
Telefon:	(0 01) 85 86 46-11 00
Fax:	(0 01) 85 86 46-11 50
Internet:	http://www.vical.com
Börsennotiz:	Nasdaq
Höchstkurs:	73,5 US-$
Tiefstkurs:	13 US-$

	2000	2001	2002
Ergebnis je Aktie (US-$)	– 0,513	– 0,745	– 0,17
Umsatz (Mio. US-$)	k. A.	k. A.	k. A.

Vical versucht in der Krebstherapie ganz neue Wege zu gehen. Ohne die Hilfe von so genannten »Gentaxis« zu benutzen, werden die Antigene direkt in die Krebszelle hineingeschleust. Allovectin-7 wird direkt in den Tumor injiziert und stößt nach der Absorption von den Krebszellen einen Antikörper aus, das HLA-B7. Dieses Antigen stimuliert also das Immunsystem und regt dieses zu Abwehrmaßnahmen an, die von Experten mit denen bei der Abstoßungsreaktion gegen Organtransplantate verglichen werden. Allerdings haben sich die Erprobungen bei fortgeschrittenen Tumoren im Kopf- und Halsbereich, die inoperabel waren und auch auf eine Chemotherapie nicht mehr ansprachen, nicht so wirksam erwiesen, wie das wohl ursprünglich erwartet worden war. Experten erklären dies mit der Tatsache, dass das Mittel indirekt über die Anregung des Immunsystems wirkt und daher möglicherweise in fortgeschrittenen Fällen nicht mehr wirkt. Das Protein befindet sich bereits in einer Phase-III-Erprobung gegen Melanome. Das unabhängige Drug Safety Review Board hat die Fortsetzung der Zulassungstudien für Allovectin-7 bei metastierenden malignen Melanomen empfohlen. Die Nebenwirkungen sind nach Firmenangaben geringer als bei anderen vergleichbaren Mitteln.

Die Aktie von Vical hat die starken Kurssteigerungen der Biotech-Branche bislang nicht mitgemacht, was vielleicht mit der nicht so erfolgreichen Erprobung von Allovectin-7 bei Hals- und Nackenkrebs zusammenhängt.

Ein zweites Präparat, das sich in der Phase II befindet und bei Krebs eingesetzt wird (u. a. Prostata-Krebs) ist Leuvectin (IL-2). Phase-I-Studien laufen mit verschiedenen präventiven Impfstoffen (gegen Grippe, Malaria, Herpes) und therapeutischen Impfstoffen gegen Hepatitis B und Aids. Diese Untersuchungen werden mit den Firmen Aventis, Merck und dem Pasteur-Institut durchgeführt.

CHANCEN 	RISIKEN 
Geht völlig neue Wege in der Krebsbekämpfung und verfügt über interessanten Therapieansatz	Erprobungsphasen brachten bislang noch keine ganz überzeugenden Ergebnisse
Kooperation bei Impfstoffen mit großen Firmen und Institutionen	Viele Konkurrenten forschen intensiv in der Onkologie
Analysten rechnen für 2003 mit einem ersten kleinen Gewinn	Noch kein Produkt in Marktreife
Unternehmen hat eine Vielzahl von interessanten Produktentwicklungen	
Kurs ist hinter anderen Biotech-Werten noch zurückgeblieben	

Glossar medizinisch-biotechnologischer Fachbegriffe

Aminosäuren Bausteine von Peptiden und Proteinen; es gibt 20 natürliche Aminosäuren

Antigen Fremdkörper, der nach Eindringen in den Körper eine Immunreaktion hervorruft

Anti-Angiogenese Bekämpfung eines Tumors durch Unterdrückung der Bildung neuer Blutgefäße, sodass der Krebs quasi ausgetrocknet wird

Antikörper, monoklonale Gentechnisch hergestellte Proteine, die sich nach dem Schlüssel-Schloss-Prinzip an krankheitserregende Substanzen anheften

Biochip Plättchen aus Glas, Kunststoff oder Silizium, auf dem Biomoleküle, etwa Nukleinsäuren, angekoppelt werden; Biochips dienen der schnellen und automatisierten Analyse von Genomen

Blockbuster Medikament, das im Jahr mehr als 1 Milliarde Dollar Umsatz macht

DNS (engl. DNA) Desoxyribonukleinsäure, Träger der Erbinformation; die DNS besteht aus vier Nukleotiden

Drug-Delivery-System System zur effizienten Aufnahme von Wirkstoffen durch den Organismus

Enzym Protein, das eine chemische Reaktion hervorruft oder beschleunigt

FDA Food and Drug Administration, US-amerikanische Zulassungsstelle für neue Medikamente

Fermentation Prozess, bei dem Stoffe durch Mikroorganismen umgewandelt werden

Gen Grundeinheit der Erbinformation, ein Abschnitt auf der DNS

Gentherapie Behandlung von Krankheiten durch Einschleusen von Genen, die ein fehlendes oder defektes Gen ersetzen

Genomik Entschlüsselung des Erbgutes

Klon Zellen oder Organismen mit identischer Erbinformation

Lymphom Sammelbegriff für Krebs, der von Organen des lymphatischen System (Lymphknoten, Milz und Thymusdrüse) ausgeht

Milestone-Zahlungen In Tranchen gezahlte Erfolgsprämie, wenn eine vorher vereinbarte Forschungsetappe erfolgreich abgeschlossen wurde

Nukleotid Besteht aus Zucker, Phosphat und einer Stickstoffbase; Grundbaustein der Erbanlagen

Oligonukleotide (Oligos) Moleküle mit nur wenigen Nukleotiden

Onkologie Krebsforschung

Orphan engl. für »Waise«; als Orphan-Drugs werden Medikamente gegen Krankheiten, an denen in den USA weniger als 200 000 Patienten leiden, bezeichnet

Plasmide Ringförmige DNS-Helfer bei der Herstellung von Proteinen

Proteomik Befasst sich mit den Wechselwirkungen von Proteinen in Organismen

Proteom Gesamtheit aller Proteine einer Zelle

Rekombination Auseinanderschneiden und Neuzusammensetzen von DNS aus verschiedenen Abschnitten von Nukleinsäuren

Sequenzierung Ermittlung der Abfolge der Nukleotide in einer DNS oder der Abfolge von Aminosäuren in einem Protein

Small Molecules kleine, im Gegensatz zu Proteinen chemisch hergestellte Moleküle

Screening Schnelle Reihenuntersuchung von Proteinen; High-Throughput-Screening-Systeme sind Hochdurchsatzsysteme, die viele Untersuchungen in kurzer Zeit durchführen

SNPs Variationen einzelner Basen im genetischen Code; werden zur Auffindung von genetisch bedingten Krankheiten genutzt

subkutan »unter die Haut«

Target Molekularer Ansatzpunkt für eine Therapieform

transgene Tiere Tiere, denen fremdes Erbgut eingepflanzt wurde

Zelle kleinste, selbstständig erhaltungs- und vermehrungsfähige Einheit

Register

Abgenix 23, 38 f.
Affymetrix 15, 17, 40 f., 77, 105, 121
Aktienfonds 34 f.
Alexion Pharm. 42 f., 54
Alkermes 44 f., 98
Amgen 25, 46 f., 130
Antikörperforschung 21 ff.
Ares-Serono 48 f.
Aviron 25, 50 f., 54

Bavarian Nordic 52f.
BB Biotech 54 f.
Biogen 25, 56 f.

Cambridge Antibody Technology 23, 103, 114
Cash-Burn-Rate 28
Celera 8, 15, 18, 58 f.
Celgene 60 f.
Cell Therapeutics 62 f.
Celltech Group 64 f., 119
COR Therapeutics 66 f.
Cubist Pharm. 68 f.
CV Ther. 54, 57, 70 f.
CyBio 72 f.

Discounted-Cashflow-Formel 26 f.
DNA-Chip 17, 40
DNS 10, 16

Entwicklungsphasen 29 ff.
Evotec BioSystems 74 f.

FDA 30

Gen 10, 15
Gendefekt 19 ff., 24
Genencor 76 f.
Genentech 10, 22, 25, 76, 78 f.
Genom 8 f., 16 f.
Genomik 15 ff.
Genset 18, 80 f., 105
Gentechnik 24 f.
Gentherapie 19 ff.
Genzyme 21, 25, 82 f.
GPC Biotech 84 f.
Graue Biotechnologie 14
Grüne Biotechnologie 14

Human Genome Projekt 8 f., 58
Human Genome Sciences 18, 86 f.

IDEC Pharm. 88 f.
ImClone Systems 90 f.
Innogenetics 92 f.

Marktkapitalisierung 27
Maxim Pharm. 94 f.
Medarex 23, 96 f.
Medimmune 22, 98 f.
Mologen 100 f.
Morphosys 23, 102 f.
MWG-Biotech 104 f.

NaPro BioTher. 106 f.
NeuroSearch 108 f.
November 110 f.

OSI Pharm. 112 f.
Oxford GlycoSciences 97, 114 f.

Pharming Group 25, 116 f.
Plattform-Unternehmen 15 ff., 29
PowderJect Pharm. 118 f.
Produktpipeline 29 ff.
Produkt-Unternehmen 18, 29

Qiagen 17, 120 f.

Rhein Biotech 122 f.
Rote Biotechnologie 14

Sanochemia Pharm. 124 f.
Sartorius 126 f.
Shire Pharm. 124, 128 f.

Target 15, 17
transgene Tiere 23, 24 f., 116
Transkaryotic Ther. 20, 47, 54, 130 f.
Transportproblem 21

Umsatz 27
United Ther. 132 f.

Vermarktung 31
Vertex Pharm. 134 f.
Vical 20, 136 f.

Zulassung 31